LES JEUNES FEMMES
DE CINQUANTE ANS

www.editions-jclattes.fr

Mylène Desclaux

LES JEUNES FEMMES DE CINQUANTE ANS

JC Lattès

Couverture : Djohr

ISBN : 978-2-7096-6079-2

Première édition avril 2018.

Pour le Doux.

« L'âge est une abstraction. »
Ma psy lors de notre dernière séance
(Paris VIIe, 40 minutes, coût indécent)

Vivement cinquante

Le jour de mes cinquante ans, je suis célibataire, mes enfants sont partis et j'ai arrêté de travailler. Deux décennies plus tôt, j'ai fait un enfant et j'ai monté ma boîte. J'ai aimé et puis je n'ai plus aimé. Après quoi j'ai aimé encore, j'ai refait un enfant et puis je n'ai plus aimé. Pour les enfants, je me suis arrêtée là. Pour l'amour, j'ai continué sur le rythme d'un plan quinquennal ou à peu près (vingt ans, quatre hommes).

Je suis aussi à ce moment-là à la recherche de ma deuxième partie de vie professionnelle… que je ne trouve pas. J'aimerais bien rencontrer quelqu'un… que je ne trouve pas davantage. Et, comme un juste retour des choses venues d'un profond karma, je commence à me prendre avec les hommes râteaux sur râteaux. Je devine la manifestation d'une justice immanente et entends résonner le murmure amusé des éconduits. « C'est bien fait pour toi », me dit une voix intérieure.

Tout me paraît insurmontable : la solitude imposée, la paresse rampante, le poids du passé, le lit et le nid vides, la vacuité du présent et surtout, l'idée que rien de physique ne peut vraiment s'arranger. Je constate que, dans sa soif de « jeunisme » et de nouveautés, la société pose toujours un œil sévère sur ces âges entre-deux. À l'argus du travail et à celui de l'amour, les femmes de cinquante ans ne sont pas bien cotées. Il y en a toujours pour vous expliquer que « cinquante ans est le plus bel âge ». Ben voyons. Disons qu'entre « c'était mieux avant » et « c'est génial aujourd'hui », il y a une forme de vérité qui se pose en modérateur.

Suis-je la seule à ne pas me sentir définie par mon âge, et encore moins par la dénomination « quinquagénaire » ? Celle-ci m'évoque les femmes de la génération de ma mère, dont je me sens si différente. Je regarde autour de moi et constate que, partagées entre l'envie de brûler les dernières cartouches avant qu'elles ne soient périmées et le désir de poser leurs valises dans un endroit bien chauffé, les femmes de cinquante ans d'aujourd'hui n'hésitent pas longtemps. Leur énergie déborde, elle les envahit, une agitation qui cache parfois un vertige.

J'en sais quelque chose, je tiens en équilibre sur un fil. Le paysage est sublime, mais en dessous, c'est quand même le vide. Mon balancier menace de se briser, et moi de tomber. Le Jiminy Cricket planqué derrière mon oreille me rassure et me souffle que tout va bien, que j'ai de la chance, qu'il faut que je me dirige vers elle, mon étoile. Qu'au lieu d'avoir peur de ce vide abyssal qui m'invite à le rejoindre, je ferais mieux de m'absorber dans la beauté spectaculaire de ce Grand Canyon virtuel.

Le jour de mes cinquante ans, j'ai décidé de ne plus jamais parler de mon âge, à personne, et surtout pas à moi-même. Évidemment, tout ce que j'ai trouvé pour respecter ce vœu est de commencer un blog, HappyQuinqua, et d'accueillir ce paradoxe avec bienveillance, en considérant les avantages de cette période de la vie, dont on s'efforce de croire qu'elle en est le milieu. Non, cinquante ans, ce n'est ni le milieu, ni les trois quarts. Ce n'est ni la fin, ni la dernière partie. C'est une conscience légère, un accomplissement distancié, une somme d'expériences, un chiffre rond, et une porte qui s'ouvre sur un boulevard de choses encore inexplorées.

Cinquante ans, ça peut être terrible ou merveilleux. Sûrement plus facile si on a prévu, anticipé, si les tournants en épingle de la vie ont été correctement amorcés. Mieux si on ne s'est pas pris une embardée, et encore mieux si on a failli se la prendre.

On se félicitera d'être nées à une époque où cinquante ans est un âge qui rajeunit un peu plus tous les ans, par la grâce de l'alimentation, les progrès de la cosmétique et la qualité de la vie. Alors, pour peu qu'on y rajoute de l'amour, de l'humour, un bon patrimoine génétique et… de la chance, hop, dix ans de moins : c'est la quinte flush des meilleures conditions.

Malgré tout, au regard de l'espérance de vie – et même si cette notion statistique est en constante évolution positive –, je suis, à cinquante ans, de moins en moins à la moitié de ma vie, avec ce constat douloureux d'avoir plus de printemps derrière que devant. Si mes expériences me guident un peu, je fais de mon mieux pour tenir la nostalgie à distance, en établissant quelques compromis avec mes souvenirs. J'éradique les regrets autant que je le peux, et je crois bien que rien ne me manque de ce qui était caractéristique de mes années de jeunesse : l'énergie des soirées tardives, la fraîcheur des lendemains de fête, le sexe irrépressible et impulsif, le comportement inapproprié des hommes de ce temps… À présent, je me réjouis de ce qui reste, et salue mon époque qui propose une batterie d'adjuvants souverains auxquels nos mères n'avaient pas accès, faisant de cinquante le nouveau quarante.

Je m'exerce à repérer en toute conscience les instants drolatiques, tendres ou agréables, dont le curseur évolue entre *La Première Gorgée de bière* et *Le Sel de la vie*. Quel plaisir de voler au quotidien quelques anecdotes sympathiques vues, lues, ou bues, de les partager, sans jamais trouver ordinaire la vie qui s'écoule. Identifier les bons côtés, de son quotidien, de sa ville, de son époque, des autres, de leur sourire, retourner les situations dans l'autre sens, pour les voir plus belles, sous un autre angle, puis égayer ses mots de fleurs et son cœur d'étoiles, dans le seul but d'enchanter l'instant. Communiquer de la joie dès que possible. Toutes ces choses font partie de mon accomplissement.

Et puis il y a ces moments passifs et sereins, que je ne cherche pas, que je n'oblige pas, que je ne contrôle pas. Sans en décider, sans emphase, sans tapage, je suis enfin disposée à les accueillir. C'est sans doute ça le bonheur, dans sa plus simple étymologie : la bonne heure. Cinquante ans, c'est peut-être cette heure souveraine qui n'a pas le tranchant vif et bref de l'instant, mais qui a la douceur du velours et le temps devant lui. Comme une douce envie de réagir à cette accélération de nos vies, j'aspire aujourd'hui à privilégier un peu plus le moment, un peu moins l'instant.

Si j'écris ce livre, c'est pour pouvoir partager un regard objectif mais bienveillant, anecdotique mais holistique, caustique mais humoristique sur les femmes de cinquante ans, leur errance, leur courage, leurs manies, leurs combats. Des femmes qui doivent bousculer des décennies de préjugés souvent dévalorisants, sans abandonner jamais leur combat quotidien pour rester dans la course.

Les Jeunes Femmes de cinquante ans s'adresse à toutes celles qui sont victimes de ce vertige que provoque le cumul des années à cinquante ans. Car une fois apprivoisée cette certitude aiguë de la finitude, une fois éradiqués les complexes de son année de naissance, une fois digérée la multiplication endémique des traces du temps sur le cou et le haut des genoux, enfin libérées du regard des autres sur notre enveloppe charnelle, alors on peut enfin respirer, et poursuivre sa route, tranquilles, au plus près de nous-mêmes.

Et puis si, en chemin, l'envie nous saisit de nous arrêter, de pousser les meubles, de monter le son et de danser sur la table, qui peut nous en empêcher ?

Pour en finir avec les quinquados

Voilà qu'un jour, dans notre monde qui produit de nouvelles classifications selon l'humeur du temps, a surgi le « quinquado », contraction de « quinquagénaire » et de « adolescent ». Cette terminologie, inventée par le sociologue Serge Guérin, désigne le plus souvent un homme ou une femme à la cinquantaine triomphante, qui vit comme un adolescent.

Un article paru en septembre 2015 dans le quotidien suisse *Le Temps* avait lancé le sujet. Un autre a suivi dans *L'Obs*, puis d'autres encore. Tous citaient mon blog et me présentaient comme l'exemple type de la quinquado. Soudain, on découvrait la lune. De plus en plus de quinquagénaires des deux sexes étaient libres parce que divorcés, sans enfants parce que ceux-ci étaient partis, minces parce que sportifs, et avec beaucoup de temps libre parce que moins (ou pas du tout) de travail. Que faisaient-ils, qu'achetaient-ils ? Détrônant la ménagère de moins de cinquante ans, cible privilégiée des médias et autres publicitaires, la quinquado de plus de cinquante ans allait consommer comme une trentenaire de l'ancien monde.

Je me rappelle avoir à la suite soutenu avec certitude que la quinquado est une femme de cinquante ans qui contrôle son poids, mange des graines, avale de l'algue, assaisonne de yuzu, saupoudre de chia, pratique la barre au sol, s'autorise des écarts coquins avec des hommes plus jeunes, ponctue ses phrases de « carrément » et les conclut par « grave ». Ce qui ne l'empêche pas d'appartenir à un club de running, de boire de la bière bio au goulot, de se déplacer en scooter ou à vélo, de jouer en ligne à *Age of Empire*, et de connaître les titres et les héros de toutes les séries du moment. Le phénomène des quinquados allait-il s'amplifier ? me demandait-on. Carrément !

Mais rapidement, les médias ont présenté la quinquado comme un être à l'énergie incontrôlable qui, refusant de vieillir, va en boîte, emprunte les jeans troués de sa fille, se tatoue l'entrejambe, a de jeunes amants (en change volontiers), et se décore le nombril d'un diamant. Je compris alors combien cette traduction sensationnaliste était éloignée de l'idée que je me fais d'une sereine évolution. J'en veux pour preuve un reportage mettant en scène une blonde quinqua asphyxiée dans un jean taille basse trop petit, se déchaînant avec sa fille sur la piste de danse avant de plonger avec avidité dans l'épiglotte d'un jeune hipster de quinze ans son cadet. On imagine le journaliste la poussant à forcer le trait : « Allez, déhanchez-vous, on vous filme, et maintenant, embrassez-le... »

Donc exit la terminologie « quinquado ». Trouvons une autre façon de désigner ces femmes de cinquante ans et, au-delà, celles qui vivent ces années pleinement responsables de leur vie, dans la curiosité et la bonne humeur, et qui portent toute leur attention sur les choses qui leur font du bien.

L'âge n'est pas le sujet, c'est l'énergie dont elles disposent et qu'elles entendent conserver le plus longtemps possible qui constitue la nouveauté. Ces quinquas-là sont de toutes les expériences susceptibles de les enrichir. Elles peuvent aller à un concert de rap avec leurs enfants et à l'opéra, pratiquer le jogging et la marche à pied, lire *Elle* et

Spinoza, avoir un vieil amant et un jeune mari. Ou le contraire.

Alors, appelez-la comme vous voulez. Pour moi, c'est une femme, encore jeune, et qui, accessoirement, aurait cinquante ans.

La question de l'âge

> « Celui qui continue de cacher son âge pense enfin lui-même être aussi jeune qu'il veut le faire croire aux autres. »
>
> Jean de La Bruyère, *Les Caractères.*

FAUT-IL DIRE SON ÂGE ?

L'âge est à la fois un nombre et un chiffre, une addition et une soustraction. Il est en mouvement, mais que dans un sens. L'âge est toujours haussier. On devrait pouvoir investir comme en bourse, on gagnerait à tous les coups. L'âge est une partie de nous qui change tous les ans. Alors, on fait avec, ou pas. À partir de quel âge ne dit-on plus son âge ? Ça peut commencer très jeune. Parce que les gens mécontents de leur âge le seront toute leur vie.

Ce sont les mêmes qui se vieillissent à quinze et se rajeunissent à cinquante. Mais mentir et se prendre les pieds dans le tapis de sa mémoire, ou plonger dans des tutos Photoshop pour transformer sa carte d'identité, sont des activités risquées, et fortement déconseillées.

Mentir vieillit

Une de mes bonnes copines réduit systématiquement de cinq ans son âge réel. Quelles que soient les circonstances, elle affirme sans trembler, sans ciller, un âge qui n'est pas le sien. C'est plus fort qu'elle. Tous ses amis proches le savent mais ont la gentillesse d'ignorer cette coquetterie. La plupart du temps, ça passe, car elle est belle, mince et projette dix ans de moins. À force, je la soupçonne d'en être elle-même convaincue.

Je trouve que découvrir l'âge réel de quelqu'un qui a toujours menti sur son âge vieillit terriblement. Le mensonge est contre-productif, la révélation donne un coup de vieux : au lieu de faire jeune, ça fait désespéré. Un mensonge n'est efficace que s'il n'est jamais su, et s'il existe une possibilité, même infime, de se faire démasquer, autant dire la vérité dès le départ. (Attention, ces assertions ne fonctionnent pas pour les fautes intimes : un couple peut s'accommoder de quelques égratignures mais se remet difficilement de la connaissance de la faute.

Alors, autant éviter la gestion des complications qui dure plus longtemps que la satisfaction initiale, n'y mettez pas le doigt, ni rien d'autre, mais ça, c'est un autre sujet.)

Un jour, cette jeune femme de cinquante ans et son nouveau petit ami partent en week-end à Venise. À l'aéroport, ils présentent leurs papiers d'identité au policier des frontières, qui les examine longuement… avant de rendre les deux documents au compagnon. Celui-ci jette un œil sur le passeport de sa dulcinée, et découvre son année de naissance, qui ne correspond évidemment pas à l'âge qu'elle s'est donné. Interceptant son regard, elle comprend qu'il sait. Comment rattraper l'irrattrapable ? Tous ses efforts de dissimulation des semaines précédentes ont été balayés par la gaffe d'un fonctionnaire de police. Elle s'en veut de son manque d'attention, elle aurait dû rester concentrée… Ses pensées tournent en rond dans sa tête, et viennent la parasiter jusque sur la gondole. Elle essaie d'oublier cet incident pourtant mineur mais il l'obsède. Va-t-il me quitter à la fin du week-end parce que je suis une menteuse ou parce que je suis trop vieille ? se demande-t-elle.

Le matin du départ, elle prépare son bagage pendant que lui se rase dans la salle de bains, son passeport posé négligemment sur la commode. Alors, par pure curiosité – après tout, il a bien vu le sien –, elle l'ouvre. Et là, surprise ! Elle s'aperçoit avec étonnement, bonheur ou agacement, qu'il a lui aussi menti sur son âge, et dans les mêmes proportions qu'elle. Dans le prélude amoureux des échanges d'informations, ils se sont fait naître chacun cinq ans plus tard. Partager un mensonge de même envergure passe mieux qu'un mensonge unilatéral, mais froisser une relation naissante avec ce genre de découverte n'augure pas forcément le meilleur pour la suite. C'est une prise de risque inutile. Mais, finalement, entre toqués de la réduction de l'âge, ils se sont trouvés.

Du reste, à l'heure qu'il est, ils sont toujours ensemble.

Ne pas demander…

Ne pas poser la question de l'âge est la meilleure façon qu'on ne vous demande pas le vôtre. Lors d'une rencontre, afin de maintenir neutre le terrain de la relation et d'être dans l'authenticité, mieux vaut ne pas avoir connaissance de l'âge de l'autre. C'est une façon d'éviter les préjugés et de gommer le sentiment d'inégalité que peut engendrer le complexe du nombre de ses années – complexe dont on jure pourtant qu'il n'en est rien. C'est un peu comme l'accent, en moins visible.

… Pour ne pas dire

Laissez l'âge à sa place : celle de la comptabilité, des données Google et des documents administratifs. Mon expérience m'a enseigné qu'il ne faut jamais, JAMAIS, vous entendez, évoquer son âge. Peu nous chaut l'âge, *fuck* l'âge, parce que la petite étincelle qui se produit par un regard, des mots, un ton, ou des caresses, ne se mesure bien évidemment pas à l'aune d'une carte d'identité, sauf si le monsieur manifeste des velléités de reproduction – ce qui n'est pas toujours le cas, surtout à l'âge où nous le convoitons.

Donner son âge à qui ne l'a pas demandé, ou, pire, le faire savoir gratuitement, donne un sacré coup de vieux, surtout si vous n'êtes plus si jeune. Dès l'instant où vous clamez haut et fort le nombre de vos années passées, elles vous collent à la peau, et s'impriment alors sur votre visage comme par magie. Vous étiez une personne, une voix, un sourire, une idée lancée, vous avez soudain une étiquette collée au front sur lequel on distingue soudain les stries horizontales qui confirment votre aveu. Alors que la chose non évoquée a ceci de particulier : elle n'existe pas.

Il n'y a pas de fierté particulière à avoir son âge. D'ailleurs, je suis toujours étonnée par la multiplication des « fiertés » brandies comme des armes défensives voire agressives. C'est fou comme de nos jours, les gens sont fiers de tout. On peut être fier d'un accomplissement, d'un succès, d'un diplôme, de sa progéniture… Bref, des choses pour lesquelles nous avons fait, réalisé, accompagné. Mais être fier de ses préférences sexuelles, de sa religion, ou de son âge, c'est curieux. Tout cela relève de l'intime, et n'a pas à être négocié.

C'est.

Point.

Ce qui trahit que vous avez plus de cinquante ans

Vous avez contourné la question, répondu à côté par une boutade, ou sorti votre portable prétextant une vibration. Bref, vous avez réussi à ne pas dire votre âge et à faire oublier que vous n'avez pas donné de réponse. Bravo. Mais qu'en est-il de tous les signes qui le trahissent ? De ces choses qu'il est difficile de dissimuler, ou impossible d'ignorer ?

L'âge de vos frères, sœurs et enfants

Il faut savoir déjouer habilement les situations pièges où, l'air de rien, sans vous demander votre âge directement, certains (ou plutôt certaines) vont développer toute une batterie d'astuces se présentant sous une forme « en biais » de type crabe, et qui peut ressembler à ça :

— Tu as des frères et sœurs ?

— Oui, un frère.

— Quel âge a-t-il ?

— Cinquante-deux ans.

— Grand frère ou petit frère ?

S'il est déçu d'apprendre que vous n'avez ni frère ni sœur, Monsieur Curieux se rabat alors sur la question semi-frontale qui va enfin l'éclairer :

— Tu as des enfants ?

— Oui.

— Et ils ont quel âge ?

Sauf si vous êtes à l'aise avec le mensonge, la réponse à elle seule vous crame – sachant que, rappelons-le, mieux vaut passer juste pour une quinqua que pour une quinqua menteuse. Net avantage à celles qui ont connu la maternité tardivement : la projection de leur âge les rajeunit d'office lorsqu'elles sont flanquées de l'accessoire le plus antiride qui soit, à savoir le jeune enfant.

Il y a aussi le grand fils, celui de la vie précédente, on l'avait oublié celui-là. Il a presque trente ans, et en deux questions réponses le concernant, voilà votre « effet coup d'éclat » annulé. Si, à l'aide de quelques astuces personnellement testées, il est relativement aisé de cacher son âge, planquer l'existence de ses grands enfants est plus compliqué. Et puis il y a aussi les cas particuliers, les unions précoces, les accidents de la vie doublés de convictions religieuses ou personnelles. Une jeune fille de dix-sept ans pourrait donner naissance à une fille qui, au même âge que sa mère, répéterait ce schéma. La première serait alors grand-mère à trente-quatre ans. Et pourquoi pas arrière-grand-mère vingt ans plus tard ? Biologiquement, ce n'est pas aberrant, mais socialement, c'est difficile. Arrière-grand-mère à cinquante-quatre ans ! Un âge où, demain, il nous sera peut-être possible, grâce aux progrès de la science en matière de reproduction, d'avoir des enfants. Il faudra alors inventer une terminologie pour ces nouvelles configurations.

En général, la politesse veut que celui qui a posé la question délicatement indélicate au sujet de l'âge de vos enfants manifeste sa surprise dans un demi-sourire faussement flatteur. Attendez-vous alors à l'exclamatif/interrogatif d'usage : « NON !? Incroyable ! » Ou alors le classique : « Mais tu les as eus très jeune ? »

Là encore, attention, sachez identifier si ce compliment relève de la politesse, de la drague, ou si votre interlocuteur cherche tout simplement à vous emprunter de l'argent. Ne jamais tomber dans le piège de la coquetterie de l'âge revendiqué haut et fort, celui qui appelle l'étonnement de l'autre. C'est risqué quand, par malchance, perfidie ou déficit de sommeil, votre interlocuteur ne vous offre pas la réaction escomptée. Vous pensiez recevoir un compliment et vous vous mangez une déception. Une femme qui donne son âge sans raison particulière attend TOUJOURS un compliment. Et si elle n'a pas en retour le « tu ne les fais pas ! » attendu, sachez qu'elle le ressentira comme impoli si elle a moins de quarante-cinq ans, gougnafier si moins de cinquante-cinq, assassin au-delà.

Selon la personne qui me pose la question, je m'amuse parfois à répondre : « Oui, j'ai deux enfants, un garçon de quatre ans et une fille de dix-huit mois. » Attitude interloquée ou amusée garantie. (Là pour le coup, le « Tu ne les fais pas » sera vécu comme une gifle.) C'est mon côté quinqua menteuse qui ne dure jamais très longtemps mais qui permet de botter en touche. On rit, « Ah, ah, ah », et puis on passe à autre chose. Monsieur Curieux ou Madame Perfide auront du mal à y revenir sans peser trois tonnes.

Dans tous les cas, faites confiance à Internet pour renseigner le monde entier sur les détails de votre bio ainsi que l'année de la fin de vos études et pour permettre à chacun de constater que, si vous êtes sortie de telle école en 1985, vous ne pouvez l'avoir fait à l'âge de huit ans. Les enfants et Google sont des indices traîtres qu'il est difficile de tenir à distance. Heureusement (ou malheureusement), tout le monde ne s'intéresse pas à vous.

Avançons décontractées sur ce sujet, pas masquées, pas gênées, pas compromises. Et puis si dans l'atmosphère feutrée d'une confidence partagée, un goujat masculin ou féminin vous demande directement votre âge, rappelez-lui avec un sourire que ça ne se fait pas, et, à l'instar de ma psy, rétorquez que « l'âge est une abstraction ». Mais j'ai remarqué que ce ne sont jamais les plus âgées que vous qui posent la question…

Votre prénom

Sur l'échelle chronologique, votre prénom trahit sinon votre année de naissance, du moins la génération à laquelle vous appartenez. Si vous vous appelez Geneviève ou Jacqueline, vous êtes dans la soixantaine malgré vous. Si vous vous appelez Catherine, Nathalie ou Brigitte, vous avez toutes les chances d'être une quinquagénaire. Si vous êtes une Caroline ou Stéphanie vous êtes sûrement une quadragénaire. Vous répondez au prénom de Coralie, ou d'Astrid ? Vous devez être dans la trentaine. Ce n'est pas une règle, juste une statistique. Bien sûr, si vous avez le bonheur de vous appeler Charlotte ou Faustine et que vous êtes âgée de cinquante ans, merci à vos parents qui ont été inspirés, ou à votre avocat qui a fait le nécessaire juridiquement. À moins que votre affreux prénom de naissance soit toujours inscrit sur vos papiers d'identité ? Faites coup double en ne les montrant jamais : vous cacherez alors votre vrai prénom (à l'instar de Miou-Miou qui a fait oublier Sylvette) et masquerez votre année de naissance.

Sinon, vous pouvez toujours essayer de bidouiller votre prénom en l'anglicisant : Jane pour Jeanne, Ellen pour Hélène… Ou en le modernisant : Liane pour Éliane, Framboise pour Françoise, Marine pour Martine (mauvais exemple), Lily-Rose pour Roselyne, Dgini pour Geneviève, Mylène pour Mireille… À propos de Mylène, je jure que c'est mon vrai prénom référencé sur mes documents administratifs, mais depuis vingt ans seulement. Celui d'origine a été effacé par la grâce juridique de ma persévérance et de mon amoureux du moment, un avocat spécialisé dans les meurtres et les sectes.

Jamais personne ne m'avait appelée autrement que Mylène. Au jour merveilleux de ma naissance, lorsque mon père était allé me déclarer, l'employé de la mairie de Perpignan avait décrété que le prénom Mylène n'existait pas et qu'il n'avait que quelques minutes pour choisir entre Marie-Hélène et Marie-Madeleine. Mon père, déjà troublé, par l'arrivée dans la famille de la première fille depuis cent vingt ans, qui n'allait jouer ni au rugby, ni à la belote, avait répondu avec son accent du Sud : « Vous savez quoi ? Mettez ce que vous voulez ! » Mon père a toujours eu la réputation de déléguer mais, sur ce coup-là, il y est allé fort. Je retiens de cette anecdote que j'ai failli m'appeler

Marie-Madeleine, prénom avec lequel il est difficile de faire carrière, hormis dans les ordres.

Voilà comment j'ai traîné pendant plus de trente-cinq ans sur mes documents d'identité un prénom qui ne correspondait pas à celui qu'on utilisait pour me nommer. Les résultats d'examens, les réservations d'avion, les inscriptions officielles, ont été autant de situations où j'ai détesté l'arrogance de ce fonctionnaire de mairie, ou le renoncement de mon père à imposer le prénom qui a toujours été le mien. Ai-je déjà souhaité que l'on m'appelle autrement ? Jamais, sauf peut-être le jour où j'ai enfin quitté un homme avec lequel j'avais déjà passé trop de temps (à l'époque, ce genre de spécimens ne s'appelaient pas encore pervers narcissiques) et qui, au moment de sortir définitivement de ma vie, me rappela que mon nom pouvait s'entendre « mille haines ». Cette rupture, la plus libératoire de ma vie, arrivait vraiment trop tard…

Revoir des gens de nos anciennes vies

Au-delà du prénom porté, des enfants partis et des plis autour des yeux, il y a aussi tout un tas d'indices circonstanciels qui trahissent votre appartenance à une génération plus ancienne que celle des autres personnes autour de vous dans la salle. Quand, par exemple, à un moment où l'on ne s'y attend pas, surgit d'un passé lointain une vieille connaissance. Elle vous reconnaît, elle, mais pas vous. Ce qui est toujours plus flatteur que le contraire. Et vous la trouvez terriblement vieillie, elle. Mais pas vous. Il vous passe par la tête l'idée que la revenante se dit peut-être la même chose de vous. Cette rencontre n'arrange personne dans la mesure où les circonstances appellent un sourire très appuyé de part et d'autre. Pour peu que l'éclairage soit blanc, je suis verte. Voir des anciens camarades d'école déprime : évitez cette épreuve ! N'hésitez pas à décliner les célébrations d'anciens. La nostalgie est terrible pour le teint.

Mon histoire me fait venir d'un sud très sud. J'adore mon pays catalan et mon village est l'un des plus beaux de France. Quand j'y suis, il m'arrive parfois de croiser certains camarades d'école non affectés par nos vanités urbaines. Ces gens-là sont les témoins d'un temps où vous étiez « jeune mais »... « Jeune mais » signifie jeune, bien sûr, mais dotée de quelques caractéristiques que l'on souhaiterait ne jamais avoir eues, et, à défaut, que l'on espérerait oubliées. Non, vous n'avez pas envie que l'on se souvienne de votre acné florissante, ni de votre appareil dentaire genre barbelé, ni de vos lunettes dans lesquelles se reflétait l'ironie du monde. Depuis, il y a eu Roaccutane, les dents ont été remises droites et le laser a réglé votre problème de myopie, pendant un temps du moins. Il vous semblait que vos rondeurs de jeunesse étaient harmonieusement répandues, mais les photos de l'époque laissent pourtant apparaître que votre surpoids était surtout localisé dans les joues. Ne parlons pas de vos tenues vestimentaires qui n'arrangeaient pas votre allure, et dont on ne sait si elles relevaient de la faute de goût ou de la mode du moment. Le tout s'accompagnant de curiosités capillaires qui rétrospectivement vous font frémir de honte. Les coiffeurs avaient l'audace proportionnelle à la timidité des jeunes clientes.

Ensuite, il y a eu construction, réalisation personnelle, et plénitude. Désormais, les coiffeurs ont moins de pouvoir sur votre coupe. Le temps vous a façonnée ; grâce à l'expérience, aux rencontres, aux enfants, vous êtes devenue une autre, vous quoi. Et cet ancien camarade que vous n'avez pas vu depuis trente-cinq ans et qui vous replonge dans ce passé avec une remarque désobligeante comme quoi vous auriez perdu votre accent (ah bon, j'avais un accent ?) et, avec un sourire que rien ne justifie, d'ajouter : « Eh mais c'est que tu parles pointu maintenant ! » Grrr, des baffes.

Connaître les paroles de certaines chansons

Si vous chantez sans hésitation les paroles de « Chacun fait ce qui lui plaît » c'est que vous l'avez suffisamment entendue l'année de vos vingt ans pour la connaître par cœur et pour la vie.

À l'époque vous étiez une vraie éponge et votre mémoire imprimait absolument tout sans filtre. Et de chanter à tue-tête Nicolas Peyrac, Joe Dassin, Daniel Balavoine… Des chansons plutôt françaises, car, pour les tubes en anglais, souvenez-vous, allez, la vérité, avouez, vous les chantiez plus ou moins en phonétique, non ?

La mémoire

J'échangerais bien tous les détails inutiles relatifs aux cousins des voisins de la colonie de vacances de mes onze ans contre la chronologie des rois de France ou contre les vingt-cinq mille vers de *La Légende des siècles* par cœur, histoire de donner la réplique à mon frère qui nous en sert une tranche à chaque repas de famille depuis quarante ans. Ce qui a été appris à quinze ans est incrusté dans le marbre de la mémoire, laquelle est bien plus fiable que votre mémoire récente qui vous joue des tours tous les jours.

Jusqu'à mes quarante ans, j'avais la réputation d'être championne du monde en la matière. Ensuite, il m'a manqué progressivement un nom, puis deux, puis un mot, puis cent, puis un fait, et tout plein d'oublis en cascade dont ce film qu'on se souvient avoir vu à la fin du premier quart d'heure. On s'exclame alors en riant : « Houla, j'ai Alzheimer ! », en sachant qu'au fond de nous, ces prémisses gérontologiques ne nous paraissent pas si drôles.

Ne pas parler anglais

C'est le grand complexe français : les plus de cinquante ans ne parlent pas anglais et ne le parleront jamais correctement. C'est comme ça. Regardez notre élite, les ministres, nos ex-présidents, c'est la honte. « *Sorry for the time !* » Ceux qui le parlent correctement sont très rares. Il fallait que les parents aient vécu à l'étranger, qu'ils soient d'un milieu urbain aisé, et suffisamment éduqués pour avoir le réflexe d'envoyer leurs enfants dans des *summer-camps* américains ou des *colleges* anglais pendant les vacances.

Dans les années 1970, dans la province reculée de mon enfance, nous n'avions jamais entendu parler anglais avant notre premier cours de sixième, et ensuite à raison de trois heures hebdomadaires, point final. Internet n'existait pas et les films étaient tous en version française. Heureusement, les choses sont en train de changer, et nos enfants sont exposés très tôt à l'anglais, par la grâce de YouTube ou de Netflix. Pour nous, renoncer est la seule option digne. Apprendre l'anglais à cinquante ans, oubliez ! Vous pourrez tout juste le perfectionner, et vous en sortir à peu près à force de persévérance. Mais participer à une conversation fluide, vous exprimer dans un débit rapide, rire au bon moment et tenir un repas jusqu'au dessert en suivant parfaitement ce qui se raconte : jamais.

Aujourd'hui je lis, parle et comprends plutôt correctement l'anglais, pour quelqu'un de ma génération en tous cas. Mais malgré mes études supérieures, mes nombreux et longs séjours aux États-Unis ces dernières années, ma participation à des ateliers à NYU, bref, mon acharnement à progresser, je suis toujours épuisée après deux heures de conversation en anglais. Cette immense fatigue, qui vient sûrement de mon oreille interne, m'envahit en général peu avant le fromage et me fait capituler ou chercher, prise de panique, la branche française à laquelle je vais bien pouvoir m'accrocher. J'évalue mon niveau de concentration du jour avec les séries américaines. En général, je commence sans les sous-titres, puis, en cours de route, je mets les sous-titres en anglais, et enfin, pour l'épisode suivant, j'opte pour les sous-titres en français.

Les lunettes pour lire

Sauf si vous portez des lunettes de soleil, qui masquent la fatigue et évitent de saluer une personne importune, ou bien si vous avez moins de trente ans, les lunettes ne valorisent personne, bien au contraire. Seules les myopes opérées avant l'arrivée inévitable de la presbytie savourent de pouvoir retarder ce moment où les lunettes deviennent indispensables.

Pour un premier rendez-vous galant, je vous livre une astuce : au lieu de sortir vos lunettes au restaurant pour lire le menu, actionnez la fonction lampe torche de votre téléphone ou commandez directement le plat du jour. Par la suite, on s'en fout, on nous aime comme on est.

Être nulle en informatique

Quel âge avions-nous déjà lorsque nous avons eu notre première adresse mail ? Cela paraît incroyable, à l'heure où les enfants ont un téléphone portable dès l'entrée en CP et un compte Instagram l'année suivante. Nous ne comprenons rien aux choses du Cloud et de la toile. Cette abstraction nous mène par le bout du nez et, sauf si quelqu'un me prouve le contraire, personne de plus de cinquante-cinq ans, même connecté, ne sait ce que TXT ou DNS veut dire. C'est comme l'anglais, on peut toujours progresser, mais on ne parlera jamais vraiment la langue.

Avoir quelque part des albums photos

Avant, le parcours de notre vie était tout en images collées. Parfois, lors d'occasions diverses – un déménagement ou une fin de soirée poussive –, nous sortions les cartons d'albums photos et nous tournions les pages en commentant les événements et le poids de chacune. La chronologie s'illustrait des instantanés de moments forts et de personnages rajeunis. La boîte à nostalgie faisait remonter des vagues d'émotions. Le cœur serré, nous remettions l'album à sa place jusqu'au prochain déménagement, jusqu'à la prochaine fin de soirée poussive... Aujourd'hui, Apple et le Cloud s'occupent de tout. Les images sont stockées dans un espace virtuel qui ne prend pas la poussière. Elles ne sont jamais consultées.

Célébrer son anniversaire en amplitude

Faut-il (en plus) organiser une fête pour célébrer cette année supplémentaire, qui peut à elle seule inspirer la dépression ou le meurtre ?

Oui et non.

Oui parce que faire la fête, c'est toujours bien, ça fait jeune, même si on pique du nez à minuit. Oui pour prouver qu'on s'en fout et qu'on a intégré à quel point l'âge est une abstraction.

Non parce qu'il y aura toujours quelqu'un pour demander à qui le sait « ça lui fait combien ? » et que dans dix ans on se souviendra du chiffre annoncé auquel on ajoutera dix. Bien sûr, certains vous diront : « Mais alleeeez, c'est l'occasion d'une fête ! » Ben non, c'est l'occasion de ne pas le dire.

Quel est l'intérêt, après cinquante ans, de clamer haut et fort cette montée arithmétique ? On peut s'en passer encore, au moins pendant quelques années. Ensuite, bien plus tard, la coquetterie estompée, les amitiés resserrées vers l'essentiel, on laissera faire les autres : enfants, petits-enfants, tout premier cercle.

En revanche, rien ne vous empêche de célébrer « l'événement » sans donner de raison. Une délicatesse qui arrangera tous vos amis qui n'auront pas à se fendre d'un cadeau : « Ah c'était ton anniversaire, mais il fallait le dire… ! »

Mais, me direz-vous, si on n'organise pas de fête, comment marquer le coup et ne pas passer la soirée à ruminer seule en caressant votre chat ? Pas d'affolement, si vous n'avez sous la main ni soleil couchant dans un décor tropical ni compagnon énamouré, une bouteille trouvée dans le coin du frigo, ouverte dans la cuisine et partagée avec deux ou trois copines fera l'affaire. Allumez les bougies, envoyez la sono, faites péter le mousseux et postez en direct les images sur Instagram et Facebook, tout en remerciant collectivement les quarante camarades qui ont rivalisé d'esprit pour rédiger une alternative moins banale à l'expression « bon anniversaire ».

Et surtout, n'oubliez pas que l'âge ne devient réalité que lorsqu'il se compare. Pour qu'il y ait évocation de l'âge, il faut autour de vous des gens plus âgés et d'autres plus jeunes. Sans âge su, il n'y a plus que des êtres humains.

Pour une nouvelle découpe du temps

Voici venu le moment de lancer un appel international en faveur de la mise en place d'une autre numérotation chronologique que celle héritée du calendrier grégorien. Notre système de découpage du temps est obsolète, il date d'une bulle pontificale publiée par un Young Pope, Grégoire XIII, qui n'imaginait pas une seule seconde que la quantification des années allait être à l'origine d'autant de discussions. Sans lui, ce livre n'existerait pas.

Imaginons que demain, des codeurs suppriment cette idée Excel du temps et la remplacent par autre chose – pourquoi pas une structure numérisée aux informations stockées dans un « cloud », aussi discret que virtuel – eh bien, en tenant compte des bulles internet plutôt que papales, les humains en général (et les femmes en particulier) naîtraient dans une temporalité qui ne serait pas définie par un chiffre, mais grâce à un étalon plus poétique, moins mathématique, à une abstraction lyrique. J'invite les cerveaux de ce monde à réfléchir à cette problématique qui devrait prendre son sens avec l'éradication des maladies et la démocratisation de la longévité. Pour les ingénieurs qui voudraient plancher sur le dossier, je précise que mon brief est encore à l'étude. Car, bien sûr, il est hors de question de se priver de toutes les célébrations diverses liées à des dates et pour lesquelles nous avons nos habitudes. Elles nous permettent de nous inviter les uns les autres afin de nous alcooliser avec outrance et bonheur, pour un oui, pour un non.

Autour de la différence d'âge

Ô génie de la lampe, faites que l'homme de ma vie ait mon âge. Ou alors qu'il soit plus jeune.

J'ai le sentiment que la problématique de la différence d'âge ne s'est jamais autant posée qu'à cinquante ans. Lorsque l'on apprend qu'un de nos amis a, en saison 2, « rencontré quelqu'un », la question qui vient après est systématiquement : « Quel âge a-t-elle ? » Bien sûr, on sait que la réponse risque de crucifier celle qui l'a posée, même si on conserve l'espérance tacite que ce soit : « Ils ont le même âge. »

Ou alors, le sommet de la réjouissance : « Je crois qu'il est plus jeune qu'elle. »

Les hommes de cinquante ans préfèrent-ils les jeunes ?

Les hommes de cinquante ans veulent l'amour et la paix, ou plutôt la paix et l'amour. Ils ont connu la guerre ou l'ennui et recherchent plutôt une relation apaisée et compatible. La plupart ont remisé au placard la vanité, et, même s'ils ne veulent pas tous la même chose, ils ont parfaitement identifié les points sur lesquels ils ne feront plus de concession. Les divorces les ont refaçonnés plus libres, ils ne referont pas les mêmes erreurs.

Il est vrai cependant que la configuration femme jeune/homme plus âgé est plus fréquente, l'homme cédant naturellement à une forme de fierté primitive ou d'instinct de reproduction, allez savoir. Accompagnée d'un conjoint plus âgé, la femme tire de sa jeunesse une force particulière, presque une supériorité, parfois un argument marchand. Elle ne connaît pas l'angoisse liée à l'âge, car elle sera toujours la plus jeune. En revanche, elle devra faire bonne figure avec les amis cacochymes de son vieux mari, apprendre à mourir d'ennui avec le sourire, et renoncer à des choses qu'elle regrettera peut-être plus tard, mais trop tard. Tout ce qu'elle subira prendra, avec le temps, de plus en plus de place. Quand on y pense, c'est quand même un drôle de truc que de valoriser son partenaire pour cette qualité non méritoire sur laquelle nous n'avons pas de prise : l'âge.

Physiquement, la différence d'âge, au-delà de dix ans, semble rajeunir le plus âgé des deux, mais dans un premier temps seulement – ce temps des débuts où l'amour a un effet direct et visible sur la peau et le poids. Après, quand la passion tombe en chute libre et que l'énergie amoureuse s'étiole avec les mois et s'effondre avec les années, ça se gâte. Le grand tunnel du quotidien entraîne le relâchement des téguments et le rictus de l'amertume. Le monsieur s'essouffle et s'interdit de le montrer. On va trouver qu'il « porte beau », comme on le dit d'une personne toute froissée dans un costume amidonné. Le risque pour lui est la glissade : elle commencera par un blanchiment des dents ou la pose de facettes, se poursuivra par une réduction du goitre que les bons amis feront semblant de ne pas avoir remarquée, et se terminera par une rafale d'injections biannuelles qui lui donnera une carnation de plastique.

Les efforts pour colmater les brèches du bateau qui prend l'eau rendent pathétique aux yeux d'autrui celui ou celle qui s'acharne à mener contre le temps une bataille perdue d'avance. Tous ces efforts visibles accentueront d'autant la différence d'âge et vieilliront encore plus Monsieur Porte Beau. Mais de lui, on regardera surtout sa femme, pas sa beauté, non, on guettera ses petits agacements décelables dans les gestes ou les intonations, les réflexions désobligeantes, les reproches l'air de rien, ces choses, qu'avec les années, elle n'essaiera même plus de réfréner. Son trophée était supposé engendrer fierté chez lui, plénitude chez elle, envie chez les autres ; il ne suscitera sur la durée rien d'autre que déception chez lui, compassion chez les autres, et, chez elle, au mieux une forme de tendresse, au pire un attachement intéressé.

Je reconnais éprouver une satisfaction un peu honteuse à voir se faire larguer un vieux monsieur par sa jeunette. « Bien fait », me dis-je toujours en moi-même. Et si le senior avait préalablement quitté une épouse de cinquante ans, alors là, c'est encore meilleur.

La différence d'âge dans l'autre sens

Contrairement au cas précédent, le compagnon plus jeune vous rajeunit pour de vrai. Le rythme de vie, les vêtements, la façon de parler, de rire, de ne pas dire, et puis le lit… le lit qui lie. Le sexe est fougueux, la peau tenue, le muscle alerte… On s'y habitue, et c'est là que ça se complique.

Socialement, ce n'est ni simple ni confortable. Sexe Fougueux aura des amis de son âge, accompagnés de fiancées peut-être plus jeunes encore. Avec le temps, on ne s'y fera pas, et les parents de Junior encore moins. Ensuite, cela dépendra de l'influence des uns (famille) et du regard des autres (relations). Seule une disposition à la joie de vivre doublée d'une bonne confiance en soi viendra à bout de cette impression d'être en sursis. Il ne faut pas négliger la souffrance de se faire quitter par l'être aimé, conjuguée à celle d'imaginer que c'est à cause de notre grand âge.

Je déteste le mot « cougar », qui par sa sonorité, et comme tout ce qui se termine en « ar » (connard, salopard, crevard…), n'évoque que des injures masculines. Cette terminologie sexiste est de la plus grande injustice : la cougar est une héroïne courageuse qui prend des risques et les assume. Depuis la dernière élection présidentielle, le mot a curieusement disparu du vocabulaire ambiant, relégué au politiquement incorrect, comme toute forme de jugement d'une personne à l'aune de ses préférences. Notre première dame a sans aucun doute contribué à ébranler le tabou de cette configuration, corroborant l'idée qu'en termes de désir, de couple et d'amour, la normalité n'existe pas. Les femmes sont désormais bien plus décontractées sur leur âge qu'avant, et peuvent désormais brandir la menace ultime qui calme : « Si tu me rends malheureuse je te quitte pour un président de la République de vingt-quatre ans mon cadet. »

Évidemment, l'idéal pour rester à flot, au-delà de la bonne entente et de l'amour, c'est de partager sa vie avec un partenaire de la même génération, afin qu'aucun des deux ne soit l'accessoire de l'autre mais sa principauté. Mais les « de notre âge » disponibles ne courent pas les rues avec un écriteau sur le ventre, ils seraient plutôt bien planqués sous un rocher. Le problème des femmes célibataires de cinquante ans est qu'il est commode de piocher dans le vivier volcanique des plus jeunes ou dans celui moins ardent des plus vieux. Ceux de leur âge sont déjà pris ou ne sont pas aptes à l'être.

Je ne veux pas faire ma difficile mais je trouve la plupart des hommes de mon âge un tout petit peu trop amortis à mon goût. Pour peu qu'ils travaillent et boivent plus que de raison, et qu'ils oublient de s'entretenir, ils basculent vite dans la catégorie « pas frais, fatigué ». Sans oublier ce qui les menace : l'alopécie et le ventre. Je ne m'étendrai pas sur le dernier inconvénient, moins visible, et qui est certainement celui qui nous effraie le plus.

En revanche, j'ai l'impression que les femmes de cinquante ans sont en général mieux préservées que leurs équivalents masculins. Elles gèrent habilement les stigmates de l'âge par des techniques que les hommes ont peur d'utiliser sans faire ombrage à leur virilité.

Si la femme quinqua a le bonheur de croiser sur son chemin la perle rare d'un quinqua libre, super ! Au mieux, il est comme elle, intact et en bon état de reprise, au pire, elle achètera un cuit-vapeur, et un peigne (histoire de signifier qu'elle n'a rien remarqué). Encore faut-il que ce quinqua-là n'ait pas les bras cassés, qu'il se tienne droit et que sa vie professionnelle l'ait rendu confortable et exigeant. Bien sûr, il cédera peut-être à la tentation d'être accessoirisé d'une jeune et jolie poupée. Peut-être le fera-t-il ?

Patience. Il en reviendra. Il reviendra.

Un jour de grand vent, il réapparaîtra sur le marché de l'offre, une autre le cueillera alors, à point, renforcé par cette expérience, refroidi par les conséquences, prêt à vivre autre chose, et enfin mûr pour une histoire sans stratégie, douce, éloignée des fatuités urbaines.

*

L'âge maîtrisé, l'âge bien digéré, l'âge ignoré, l'âge éradiqué !

Maintenant qu'il est admis et accepté que l'âge est un détail de l'histoire, il ne reste plus qu'à convaincre les autres. Et, au bout du compte, un seul convaincu suffirait.

En attendant, la jeune femme de cinquante ans novice devra faire face à d'importants bouleversements, et nettoyer à grande eau son plan de travail afin d'envisager sereinement un nouvel équilibre avec, pourquoi pas, la possibilité d'un « il ».

Cinquante ans et à nouveau célibataire

> « Le succès ne dure pas, l'échec ne tue pas, seul compte le courage de continuer. »
>
> Churchill

Il y a bien longtemps que les grandes options de votre vie ont été prises. Vous avez eu des enfants ou pas, vous êtes encore en couple ou pas. À cinquante ans, quel que soit votre passé, les cartes sont rebattues. Bien sûr, si vous avez eu du jeu en saison 1, c'est mieux. Mais n'oubliez pas que la saison 2 est encore plus prometteuse. Entre les deux, il y aura un sas de décompression indispensable dans lequel vous mettrez ce que vous voudrez : du temps, de la liberté, de la légèreté, quelques écarts expérientiels que vous ferez semblant de regretter mais qui seront salutaires et vous mettront sur la voie.

Être une femme célibataire et avoir cinquante ans sont des caractéristiques qui, individuellement, sont mineures mais qui combinées alourdissent un statut menacé par un équilibre psychologique difficile à obtenir et facile à perdre. La question du célibat à cinquante ans est bien plus délicate qu'à toute autre période de la vie. Elle est douloureuse si elle est récente parce qu'elle appelle un changement d'habitude et que changer ce qui est incrusté depuis longtemps ne s'effectue pas sans peine. Nos habitudes ont créé un terrain de sédimentation des plus moelleux et il faudra se faire violence pour envisager une réflexion fraîche sur terrain neutre sans regret des acquis passés.

Changer à trente ans, on s'y fait avec plaisir, changer à cinquante on s'y fait contrainte et forcée. Et encore, changer pour « mieux » : un appartement plus grand, un lit plus confortable, un travail mieux payé passe encore. Mais changer pour une solitude non désirée, pour prendre son petit déjeuner seul, s'endormir sans une épaule sur laquelle coincer son cou, s'éloigner du réseau de l'ex, est à se crucifier, tant c'est lourd. Néanmoins, si vous prenez la peine de lever les yeux et de regarder l'horizon, vous pourrez déjà apercevoir la liberté et la sérénité qui vous attendent. Alors, bien sûr, vous refuserez de le voir – et de croire vos bonnes copines qui vous le jurent. Et pourtant…

Le temps des douleurs

Non seulement vous vous êtes fait larguer, mais en plus, au sein de votre ex-belle-famille, on vous signifie que votre présence n'est pas souhaitée, là où il n'y a pas si longtemps encore vous aviez vos habitudes. Le nouveau gouvernement entend faire le ménage. Pour celles qui ont encore des adolescents, la cruauté de la situation les conduira à préférer pour les vacances la grande maison familiale de l'ex où les cousins, les chiens, les chats, les grands-parents sont présents. Vous voilà à la fois seule et déprimée.

Pour celles qui sont seules depuis longtemps, le célibat n'est pas aussi compliqué. Ces femmes ont suivi un cheminement amoureux qui les a menées à prendre une porte, puis une autre, et les voilà, à devoir prendre des positions : dynamiques ou sécurisées, comme le dirait un employé de banque en présentant son catalogue de produits financiers. Ces quinquas continueront, comme elles l'ont toujours fait, à nager dans le grand bain de l'amour, « surprise et itinérant », tout en voyant, de temps en temps, leurs amants de toujours, ceux qui ne comptent pas, dont on ne parle jamais mais qui sont là, et qui rappliquent au coup de sifflet.

Mais bien sûr, ça c'est pour les plus optimistes, les plus légères, les plus casquées, les plus endurantes. Celles qui ont vécu des histoires torrides bel et bien terminées n'ont pas vraiment envie de replonger le petit doigt dans le grand bain brûlant de l'amour.

Renoncer

La fin d'une histoire d'amour laissant bien souvent exsangue, amère et fragilisée, certaines d'entre nous, à peine remises de leur rupture, se sont dit que ni rien ni personne ne les attraperait désormais. Qu'elles tiendraient l'amour et les papillons ventriculaires à distance. Qu'aucune guerre de sentiments n'autoriserait le plantage d'un drapeau où que ce soit. Pas question de replonger de sitôt.

C'est dans cette cinquantaine sonnante, mais surtout trébuchante, que peut être décidée, froidement, l'ablation de sa capacité à aimer. En éradiquant l'idée de l'Amour, ne serait-il pas possible de tenir le mal à distance ? Ne plus jamais être amoureuse devrait simplifier la vie. Dehors l'Amour. *Vade retro* l'Amour. Exit l'Amour. À l'avenir, nous sommes priées de réserver cette énergie émotionnelle à la seule personne qui vaille la peine : soi.

Et pour éviter de se retrouver dans la trajectoire d'un Cupidon distrait, il est toujours possible de faire une œuvre d'art de cette décision. Une de mes idées de recette performative (encore jamais testée) consisterait à organiser une cérémonie, à placer l'Amour dans un torchon, faire un nœud, creuser un trou dans le jardin, enterrer le torchon noué, planter un arbre au-dessus, étaler quelques cailloux, pourquoi pas même poser une croix. « Ci-gît l'Amour. » Une fois l'Amour isolé, nous pourrions enfin passer à autre chose (croit-on). Définir un projet personnel ou professionnel, suivre des cours de n'importe quoi, écrire un livre, apprendre la reliure, lancer un blog, lire (ou relire) les classiques, se remettre au latin, s'inscrire à des ateliers de bricolage, sauter dans le vide le pied accroché à un élastique…

Vivre !

Plus que jamais, à cinquante ans, on ne vit qu'une fois.

Vivre sans être encombrée, sans attendre, sans espérer…

Enfin, ça c'est ce que vous voulez bien croire à ce moment-là…

Adopter un chat ?

Ô génie de la lampe, faites que je n'éprouve jamais le besoin d'avoir un chat.

Le chat est un bon compagnon pour l'homme et encore plus pour la femme. Mais, à partir d'un certain âge, et selon la situation, il peut représenter bien plus que ça : une présence alliée, une oreille distanciée, un relativiste placide, un partenaire du quotidien, un interlocuteur bienveillant.

L'espérance de vie commune avec mon chat a souvent dépassé celle avec mes maris et amants. Peut-être parce qu'il ne demande jamais rien, lui, et semble se satisfaire de tout. Sans compter, il apporte équilibre et tendresse, tout comme les plantes apportent apaisement et contemplation.

Le chat exige de l'attention. Mieux, de l'amour. Et nous avons tant besoin d'en distribuer, encore plus au moment où la maison se vide. C'est donc faute de combattant que le chat, en tant qu'objet transitionnel, va ramasser vos miettes d'amour et prendre cette place dans votre vie, dans votre salon et dans votre cœur.

Voilà comment, à l'orée de la cinquantaine, au moment d'une fin de partie amoureuse, je me suis retrouvée en tête à tête avec cette petite boule de poil craquante que ma fille avait décidé de m'offrir sans mon consentement. Elle-même se débattait avec une adolescence dans laquelle elle était entrée beaucoup trop tôt à mon goût, abusant plus que de raison d'une liberté débridée que je la soupçonnais d'accompagner de substances prohibées. À quel moment se dit-elle que la présence d'un chat allait détourner mon regard de ses errances ? Autant dire que si elle m'avait demandé si je voulais un chat, j'aurais hurlé : « Pas question ! » Mais quand elle est arrivée portant dans ses bras un bébé chat âgé de trois semaines, avec son ruban rouge autour du cou, je me suis transformée immédiatement en guimauve.

Dès que Pouppy est entré dans ma vie, je me suis sentie bien (ou mieux, n'exagérons rien). Où que j'aille dans l'appartement, il me suivait, s'installait près de moi, s'incrustait dans le décor et ne faisait rien d'autre qu'être là. Ses câlins et sa langue râpeuse dans mon cou m'enchantaient, tout ça pour le prix de quelques croquettes et d'une litière propre. Parfois, ses effusions me pesaient un peu, l'amour non partagé est si encombrant ! Alors je le congédiais plus ou moins délicatement selon mon humeur du moment ; mais jamais il ne m'en voulait, et semblait oublier l'incident la seconde d'après. Plus tard, dans un silence feutré caractéristique du félin, il revenait vers moi comme si de rien n'était (le rêve).

Cependant, je me suis vite rendu compte que son moindre défaut était d'être un mâle. En effet, il a très vite pris ses aises avec mon mobilier, qui s'en retrouvait doublement griffé. Il se laissait aussi régulièrement aller à quelques faiblesses organiques sur le velours de mon canapé, pour me regarder ensuite en souriant, du moins croyais-je le deviner dans son expression. Que faire ? À New York, on m'aurait conseillé un psy pour chat. Mais j'habite à Paris. Alors, bien sûr que l'idée de lui ôter sa virilité m'a désolée, mais face à la répétition quasi quotidienne de ces inconvénients, la castration est apparue comme la solution inévitable. Son arrogance s'est envolée, et je me suis mise à aimer bien davantage le chat apaisé qu'il était devenu. Son changement souverain s'accorde mieux avec mes bougies Dyptique et la préservation de mon environnement personnel.

Le temps des ruptures

Chacun se plaint du fardeau dont la fatalité l'accable. Mais pas de la même façon. Les uns s'allègent après un délai de viduité court et pudique, se félicitant d'avoir l'oubli facile. D'autres portent le poids de leur douleur jusqu'au bout de l'existence et la ramènent en boucle dans le champ de la conversation. Les obsessions plantent une tente dans leur tête, comme un virus incurable.

Comment conseiller une copine abandonnée ?

Est-ce qu'une rupture est quelque chose de très grave ? Explorons les côtés positifs. Il est parti, O.K., il ne t'a pas quittée, il t'a libérée.

Souvenez-vous de l'infinie patience de votre copine à l'époque où vous étiez en déséquilibre et la baffe que vous aviez envie de lui coller quand elle vous disait très justement « Vois les côtés positifs, tu es libre maintenant » ?

Eh bien c'est à son tour à présent, car votre chère amie vous sollicite aujourd'hui pour vous raconter par le menu ses déboires conjugaux. La tête quasi sous l'eau, elle tente de se hisser maladroitement sur le rebord du bateau alors que ce salaud a remonté l'échelle et mis les voiles. Pendant longtemps, Monsieur son époux a eu une liaison extra con – nous le savions toutes, même elle et son déni. Il a hésité, et voilà qu'il est parti. Que dire, que répondre, que faire ?

Commencez, offusquée par : « NON ! Pas lui, je ne le crois pas », même si l'information ne vous étonne qu'à moitié. Cet effet miroir désynchronisé vous fait prendre conscience de combien vous avez dû la saouler avec cet abruti dont – heureusement – vous avez fini par oublier le nom. Vous le lui rappelez et en profitez au passage pour la remercier du temps qu'elle vous a consacré à l'époque et vous lui demandez pardon. C'est pourquoi, abattant le joker virtuel que vous venez de lui servir, vous devrez l'écouter attentivement, jusqu'au bout, avec la même pseudo-empathie dont elle vous témoignait à l'époque.

Tout en réfléchissant aux dérivatifs qui pourraient l'éloigner de ce pathos, vous allez d'abord tenter de la soulager par toute une batterie de conseils éclairés. Vous savez bien qu'ils seront vains car le mur en face de vous n'est pas poreux, il est étanche. Avertissements et analyses ne servent à rien, elle ne peut rien entendre, surtout pas ce qui pourrait contrarier son discours. Alors, vous allez vous transformer en oreille, et feindre une posture positive lui suggérant d'aller de l'avant, de voir des gens, de faire du sport, de se faire masser, de s'inscrire sur un site de rencontre, de respirer, de méditer… et même pourquoi pas de coucher avec un de ces obscurs séducteurs à la queue fleurie qui traînent toujours dans les dîners en ville. À cette dernière idée, pourtant bien efficace et réparatrice, elle vous répondra (ce que vous savez déjà) qu'elle en est bien incapable.

Vous mettrez beaucoup d'application à manier ce que vous croyez être des bons mots. Mais ne vous fatiguez pas trop, tout glissera ou tombera à plat. Tenez-vous-en aux faits, évitez de juger, d'attiser, d'imaginer, d'extrapoler, de sur-interpréter, de déborder. Jugulez l'émotionnel, tentez d'apaiser le sien, et ne donnez surtout aucune prise aux critiques, car bien sûr, avant de se quitter définitivement ils vont évidemment recoucher ensemble encore quelques fois.

Votre bonne copine vous cachera qu'elle le revoit, et, bonne amie, vous ferez semblant de ne pas vous en douter. Elle ne suivra aucune de vos recommandations stratégiques et n'en fera qu'à sa tête. Et pourquoi donc, me direz-vous ? Ah bon, parce que vous avez écouté les siennes, vous ? Mon conseil : ne jamais se mêler des histoires des autres, les impulsions émotionnelles ou sexuelles auront toujours plus de poids que votre bienveillance.

Et voilà qui en fait une de plus sur un marché déjà encombré.

Ne pas se plaindre

À toi toute la place dans le lit, l'huile dans les cheveux la nuit, la crème hydratante dans les chaussettes, un week-end sur deux sans enfants, tous ces kilos qu'aucun régime ne t'aurait fait perdre, les dîners au débotté, et le champ des possibles qui s'ouvre à toi après une vie maritale très longue !

Allez, rétrécis le deuil, vide la corbeille, vois les avantages de cette nouvelle existence, zappe et dis merci à la vie. Les gouvernements passent mais nous, les bonnes copines qui treuillons notre impuissance avec nos mots et nos idées dans les gréements de la bienveillance, nous serons toujours là.

Sais-tu qu'il existe des avaleurs naturels de tristesse comme il en existe pour le mauvais cholestérol (l'ananas par exemple) ? Autour d'un bon Saint-Julien, on te racontera. Et puis, tiens, tu devrais lire aussi, la lecture comme palliatif à la douleur, c'est bien ça.

Deux options peuvent être envisagées.

La première est de lire des choses terribles sur l'air de : « il y a beaucoup plus malheureux que moi, je ne dois pas me plaindre ». Une rupture humiliante, un licenciement, la perte d'un être cher, une transplantation cardiaque, un cancer, bref, des sujets qui accablent, des choses vécues, qui te permettent de finir par te dire que tu as quand même de la chance d'être sur terre bien en vie.

L'autre stratégie est de lire des choses positives et joyeuses. Mais aussi de voir des comédies, de se tourner vers le rire comme diffuseur d'optimisme.

Au choix, mais je recommande la deuxième option.

Rester digne !

Les fins devraient être pudiques. Je suis toujours fascinée par celles qui se battent jusqu'à l'indigne pour conserver leur homme (et leur statut). Leur pugnacité est parfois récompensée, mais à quel prix ? Ce qui ne tue pas l'amour ne le rend jamais plus fort, juste plus bancal. On a envie de dire à l'abandonné(e) de lâcher le morceau, d'avoir la rupture élégante, de desserrer les mâchoires, et de ne laisser s'échapper aucun fiel, même s'il n'est pas évident de perdre sa place aussi vite, sans préavis ni parachute doré. Sauf que c'est la seule issue. Chérie, vas-y sur la pointe des pieds, en regardant ailleurs, vers l'avenir, le tien, celui que tu vas t'inventer. Agis, ne subis pas. Tente même de poser un sourire sur ton visage, non, pas le crispé tout en dents qui fait peur, l'autre, le détaché. Souhaite-lui le meilleur. Aie la classe ! Alors, bien sûr tu devras composer avec ta peine, c'est comme ça ! Évite aussi de te déchaîner sur les failles de la rivale, ses dents de travers, son strabisme, sa bêtise, son passé. C'est inutile. La rabaisser ne te rehaussera pas. Pourtant, il y aurait des choses à dire sur cette fille, il le découvrira bien assez vite. Quoique… Allez, ravale les crapauds et disparais, la tête haute. Au cours de ton voyage en Inde, tu t'arrêteras pour une retraite ayurvédique dans le Kerala. Tu verras, tu reviendras (ou pas) transformée, les chakras ouverts.

Et puis un jour,
Tu l'auras dans la mire,
Ton doigt sur la gâchette,
Tu ne trembleras pas.

La quinqua en mode vie solo

Nous n'avons pas d'autre solution que de bien vivre cette solitude nouvelle. Les célibataires qui n'avaient pas prévu de l'être en découvrent sur le tard les inconvénients. Avoir conscience des avantages ne vient que longtemps après.

Vous allez d'abord affirmer haut et fort, à qui veut l'entendre, que vous êtes très bien comme ça, libre avant tout, et que pour rien au monde vous ne voudriez partager à nouveau votre lit ni votre vie avec un plein-temps. « Ouh là là, non ! » Et en général d'ajouter : « C'est bon, j'ai donné. »

Pour la plupart d'entre vous, il est possible que ce soit faux. Pourquoi ? Parce que cette liberté à laquelle vous êtes tant attachée dissimule l'aspiration secrète à tout ce que vous prétendez conspuer : la vie à deux, l'appartement en colocation, le partage de la corbeille à linge, les invitations de type « êtes-VOUS libres le... ». Vous affirmez ne plus vouloir de tout ça ? Peut-être est-ce une posture.

Car si un jour vous rencontrez une personne qui vous plaît, pourquoi ne pas partager avec lui un plat de pâtes et un verre de Chardonnay par un de ces dimanches soir un peu humides qui sentent le cafard ?

Après toutes ces bugnes bien senties au coin du cœur, alors que nous l'avions mis dans un torchon au fond du jardin, et si, maintenant, nous le déterrions ?

Lui c'est l'Amour !

Parce que tout le monde, tout le monde qui ne l'a pas déjà, cherche l'Amour. L'Amour, c'est la chose la plus importante, allez, mettons-y une majuscule. Bon, il y a toujours quelqu'un dans ces cas-là pour rajouter : « Après la santé. » Eh bien non, on ne met pas de majuscule au mot santé. En dehors d'épiphénomènes culturels de type séries-télé à thématique médicale ou best-sellers évoquant des organes à faible potentiel poétique, la littérature et le cinéma nous parlent bien plus d'Amour que de santé. La plupart du temps, c'est l'Amour et rien d'autre qui rend un peu beau, un peu fort ou un peu mort. L'Amour est la cause, la bonne ou mauvaise santé est la conséquence. Alors, de quelle couleur va être cet Amour-là ?

La quinqua en mode recherche ou la saison des râteaux

Les couleurs de l'Amour

Chaque « match » amoureux est singulier, il imprime sa couleur, et notre petit cœur s'accommode comme il peut de ses diversités, malgré les expériences et les inutiles cicatrices qui, au bout du bout, ne nous auront pas appris grand-chose. Les couleurs de l'Amour sont multiples, à chaque âge sa tendance chromatique, et, à cinquante ans, après avoir connu des jours de pluie et des arcs-en-ciel, nous savons très vite, au doigt mouillé pointé vers le ciel, si la température convient, si les vents sont contraires ou tournants, et si le petit pinceau de notre cœur va tremper dans les couleurs vives synonymes de passion ou dans la sombritude du grand et long tunnel lié au mauvais aiguillage.

A-t-on su gérer les événements lorsqu'ils se sont présentés ? Saurons-nous mieux les appréhender maintenant que nous en connaissons les règles ? Comment affronter les écueils ? La monotonie, la trahison, l'envie de changement ?

La solution est de trouver le bon.

Ou bien de les avoir trouvés.

Les bons.

Au bon moment.

Il existe une large palette d'amours diverses. Il y a l'Amour moelleux qui raccommode ou accompagne pour une longue traversée, l'Amour fusionnel qui envahit et lasse, l'Amour platonique qui n'envahit pas assez et lasse aussi, l'Amour guerrier et compulsif qui ne repose que sur la névrose, l'Amour indifférent qui caresse l'orgueil, l'Amour toxique qui ravage ceux qui en redemandent, l'Amour passion efficace pour maigrir, l'Amour intéressé utile pour cumuler des points retraite, l'Amour ravageur que l'on pratique pour se venger d'une blessure de l'enfance, l'Amour nostalgie qui nous rappelle nos erreurs passées, l'Amour sexe à vocation hormonale, ludique ou tarifé, l'Amour épistolaire, où chacun fait des phrases en tenant le désir à distance, l'Amour triste, l'Amour gay, l'Amour d'un soir qui ne se fait plus trop passé un certain âge, l'Amour « toujours » réservé aux disparus, l'Amour des débuts qui rend beau et fait du bien, l'Amour des fins qui rend amer et fait du mal, l'Amour de loin, celui de près, l'Amour fou, l'Amour doux, bref il n'y en a pas *un* mais *des*.

Où trouver le bon ? Qui a ça en magasin ?

Dans mes moments les plus pessimistes, je fais le calcul suivant : si on enlève du vivier des possibles les hommes mariés, ceux qui ont refait leur vie avec des femmes jeunes, ceux qui préfèrent les hommes, ceux que les divorces ont définitivement refroidis, ceux que la religion a happés, ceux qui n'aimeront que leur mère, ceux qui sont devenus impuissants et qui aimeraient autant que cela ne se sache point, ceux qui se révèlent transgenres ou transgéniques, combien en reste-t-il de disponibles pour la jeune femme de cinquante ans sympa et célibataire ? Alors, face à cette pénurie, faut-il le voler à une autre ? Espérer des ruptures ? Apprendre le chamanisme ou mieux, la solitude ?

Le réveillon

Le 31 décembre réveille la douleur du célibat mal vécu. Vous avez accepté de vous rendre à une soirée où vous ne connaissez personne. Vous vous dites que ça commence mal lorsque vous croisez dans l'ascenseur une bombe montée sur des jambes de 1,20 mètre chacune. La fille est ravissante et, en deux phrases échangées, vous comprenez qu'elle a préparé elle-même la terrine de gibier qu'elle a dans son sac, gibier qu'elle a chassé elle-même, sur les terres de son château. Si un homme célibataire pas mal traîne dans le coin, c'est elle qui gagne. Pour peu qu'elle suive la Ligue des Champions, et vous êtes définitivement dans les choux.

Mais pour le coup de grâce porté au moral, il faudra attendre le rétro-comptage qui précède minuit. C'est là que vous vous rendez compte que vous êtes seule, au-delà de la métaphysique.

5, 4, 3, 2, 1.

Bonne Année.

Les couples s'embrassent et se souhaitent le meilleur. Ces quelques minutes sont les plus redoutables. Vous êtes là, les bras ballants, habitée par l'envie de rentrer profondément entre les lattes du parquet, et de ne plus en sortir. L'année commence mal, vous observez la bombe châtelaine qui danse librement, bien moulée dans la ceinture large qui lui sert de jupe, elle a l'air d'être heureuse, consciente de sa beauté, et les hommes la regardent. Vous, on ne risque pas de vous voir puisque vous êtes à l'intérieur du plancher.

Ainsi, pendant longtemps, je me suis résignée à ne plus sortir de mon lit la nuit du 31, pour m'épargner les cinq minutes précédant et suivant minuit. Cette soirée en appelle au découragement plus qu'à la joie du partage. Pourquoi suis-je seule au milieu d'autres couples ?

C'est dans la tête ! Et si la bombe avait plus de raison que vous d'être désespérée ?

À défaut de maîtriser son ressenti, on peut toujours agir sur son image, sa tenue, et son sourire. Les leviers sur lesquels nous avons le contrôle sont autant de solutions positives qui permettent de maintenir une bonne image de soi, ce qui est déjà ça. Normalement, le reste suit. Aussi veillerons-nous à stabiliser notre poids, à être bien habillées, bien coiffées, bien détartrées, à sourire, à accepter tout type d'invitations, à s'inventer des amants, à en avoir.

Concernant ce point, j'ai remarqué que certaines femmes célibataires de cinquante ans, surtout celles à l'ego rebondi, se vantent volontiers de l'étendue de leurs conquêtes. Cela m'amuse car c'étaient les mêmes qui, à trente ans, usaient justement de mille astuces pour dissimuler au mieux leurs écarts. Avant, elles faisaient beaucoup et ne disaient rien, maintenant, je me demande si elles font autant qu'elles le disent. Mais peu importe, après tout, c'est la posture de conquérante qui compte. D'être disposée à.

Ne pas se précipiter

Le moteur de recherche est en place, vos appels de phare sont visibles de tous (et de toutes, je vous rassure), mais comme vos critères se sont durcis avec les années, vos impératifs ont réduit considérablement le champ des possibles. Sur quoi allez-vous donc céder ? Certes, vous êtes d'accord pour faire quelques concessions, mais jusqu'où ? Un physique moyen ? Un nombre d'enfants important ? Un compte en banque daltonien ? Des manières discutables ? Un sexe à faible coefficient de dilatation ? Des techniques déviantes ?

Il sera facile d'être indulgente pour ses petites manies et ses défauts insignifiants, mais quand votre amour pour lui se heurtera aux limites de votre acceptation, vous pourrez légitimement vous dire : un mec, oui, mais pas n'importe lequel, et pas à n'importe quel prix.

Dotez-vous d'un scanner oculaire et observez tout ce qui passe sous vos fenêtres. Laissez le radar sur *on* en permanence, et prenez le temps, sans considération, sans jugement. Et surtout, en dépit de vos exigences, tâchez d'être indulgente.

Je donne des conseils genre « je sais comment m'y prendre », mais, à l'instar de l'équilibre bancal des psys ou de l'échec scolaire des enfants de profs, en ce qui me concerne, je mouline des idées sombres depuis le fond du lit que je partage avec un pauvre chat. Bonjour l'aptitude à la joie.

En cet instant, j'ai un sursaut et décide de changer de braquet et de passer en mode conquête. Je vais enfiler ma tenue de combattante et me donner les moyens d'une rencontre. En tout cas, je me fais la promesse de ne plus passer de réveillon seule avec un chat.

« PLUS JAMAIS ! », dis-je au chat en plongeant la tête dans la boîte de Kleenex.

Le temps du découragement est révolu, mais la saison des râteaux démarre.

« On se retrouve à la maison ! »

Je me souviens d'un homme, beau (important la beauté), rencontré dans un restaurant. Il y dînait seul au bar et j'étais, avec une amie, à côté. La configuration parfaite pour entamer gentiment une conversation. Échange de sourires d'abord, de coordonnées ensuite. Plus tard, je compris que le monsieur n'était pas libre, mais dès qu'il le fut, soit deux mois plus tard, il m'appela. Le démarrage fut classique : expo, dîner, nuit. Au réveil, la deuxième vitesse était enclenchée et, le surlendemain, j'eus l'impression que, sans embrayer, nous avions passé la troisième. Bref, un peu trop vite à mon goût, quelque chose me disait que nous étions partis à grande vitesse pour une relation installée. J'aime que les choses aillent lentement, surtout quand ça ne vient pas de moi. Mais comment arrêter une machine emballée sans craindre de briser la magie de cette rencontre avec le prince charmant qu'on a mis tant de temps à trouver ?

C'est une petite phrase qui a mis le feu à la poudre d'escampette. Comme le bel homme habitait une chambre de service dans le XVIIe nord, aucune autre option que mon domicile n'avait été envisagée pour abriter nos ébats. Le troisième jour de notre idylle, vers 18 h 30, il m'appela pour me dire, très chaleureusement : « Chérie, j'ai pris le pain, on se retrouve à la maison ? »

D'abord, il m'appelait « chérie » (ce que des années de mariage n'avaient pas réussi à me faire accepter), ensuite, le prince charmant s'invitait chez moi, apparemment pour le dîner, et, en apportant le pain, il induisait qu'il aurait été gracieux de ma part que je prépare une petite entrée et, dans la foulée, pourquoi pas le plat de résistance et, pour le dessert, on verrait.

Enfin, l'idée de se retrouver « à la maison » me laissait songeuse.

— À la maison ? Mais à la maison de qui ?

— Ben à la maison… à la maison, chez toi !

Blanc, solitude, interrogation, curiosité, erreur d'aiguillage.

De quelles espèces est composé le marigot des hommes disponibles ? Combien d'alligators vais-je encore y croiser avant de tomber sur celui qui trouvera le bon tempo des débuts ? C'est-à-dire le temps de l'approche, celui de la séduction, de la réflexion, le temps de la distance aussi, bref, le temps qu'il faut pour connaître un minimum l'autre. Le temps que chacun va s'accorder pour laisser au désir sa douce ascension.

C'est le problème avec les femmes autonomes : il tombe dans leur lit des hommes trop faciles. Pour peu que vous traversiez une période difficile avec comme seules aides psychologiques un Effexor quotidien et un chat, le risque est grand de succomber à cet homme à la ramasse qui vous propose de l'amour en échange d'une mise en commun de vos biens et de vos finances. Et hop, quelque temps après, vous vous retrouvez en train de pousser un chariot Ikea avec lui. Le cauchemar.

À cause d'un anxiolytique du même genre, un de mes amis, au talent reconnu, accessoirement riche et célèbre, s'est marié en quinze jours avec une chasseuse de fortune, identifiée comme telle par tous (horrifiés), toutes (effondrées), et même par elle-même (ravie). Le jour où il a arrêté son traitement médicamenteux, il a ouvert les yeux sur un caractère difficile, une culture peu en rapport avec la sienne, deux enfants en bas âge qu'elle avait installés chez lui en même temps que ses meubles, et une grossesse en gestation. Dans ces conditions, faire marche arrière est très compliqué, et je ne peux m'empêcher de penser qu'il aurait dû intenter un procès au laboratoire qui fabrique cet antidépresseur.

Ainsi, pas d'inquiétudes, multiplier les erreurs est tout à fait normal. Je vous rassure, tout le monde en passe par là. Chaque échec accroît la suspicion et la méfiance, mais interdiction de se décourager. Vous allez développer une certaine frivolité non choisie, mais nécessaire, en vous désolant de ce que les hommes disponibles restant sur le marché ne correspondent pas à ceux dont vous rêvez.

Le constat qui finira par s'imposer à vous est que les hommes les « mieux » sont déjà en main, depuis longtemps. Vous rongerez votre frein en observant certaines épouses ingrates à tous niveaux qui, flanquées de gentils et charmants maris, s'autorisent des attitudes incorrectes, si possible devant témoins. Pourquoi les hommes les plus délicats sont-ils souvent avec des harpies qui les rudoient dès qu'elles en ont l'occasion ? Peut-être tout simplement parce qu'elles les ont choisis, qu'elles se sont servies en premier, et qu'elles ont repéré la névrose qui allait s'imbriquer dans la leur. Vous voyez, le genre qui prend toute la place sur la photo. C'est elle ! L'audacieuse, habituée à l'attention, sûre d'elle, ignorant la mésalliance.

En faisant un peu de psychologie de comptoir, comme nous nous l'autorisons, nous pourrions chercher, pour elle, du côté du père.

Pour lui, du côté de la mère.

Faut-il revoir ses critères à la baisse ? Les qualités minimales exigées risquent de s'émousser au fur et à mesure que vous allez constater la rareté du produit sur un marché en crise. Mon conseil : placez la barre haut tout en balayant large.

Un homme catastrophe, Saison 1

A priori, mon type d'homme est un ventru chevelu brun de la Méditerranée. J'aime les nounours confortables, poilus, bien en chair. Ne me demandez pas pourquoi, c'est ainsi, je n'ai aucune explication à cette tendance qui n'a rien d'œdipien car ni mon père ni ma mère ne ressemblent à ça. Aussi, quand un chauve de près de deux mètres de haut me propose de m'emmener au théâtre, c'est bien parce qu'il est l'auteur de la pièce que j'accepte de l'accompagner.

Cette première soirée, au cours de laquelle l'homme (h)auteur guette du coin de l'œil mes rires, est suivie d'un dîner où nous dévoilons juste ce que la séduction, le mystère et la bienséance autorisent pour un premier rendez-vous. Les sourires sont francs, la conversation est fluide, tout se passe suffisamment bien pour qu'un deuxième rendez-vous soit pris aussitôt, puis un troisième. Il me plaît.

Je découvre chez lui d'heureuses qualités, de l'humour, de la gentillesse, de la modestie, des choses peu communes sous nos latitudes parisiennes et, derrière ses yeux gris triangulaires et sa tessiture ouatée, la tortuosité sophistiquée d'un esprit brillant. Mais ce qui me séduit au-delà de tout, c'est sa douceur.

À ce stade et à nos âges, si on se plaît, on y va. Il y a un processus académique et social qui obéit à une temporalité qui va d'un jour (ou une nuit) à six mois ou plus (selon l'audace et l'affinité) et qui consiste à se voir, parler, sortir, tout ça en attendant le moment crucial où l'on découvrira s'il existe ou pas une compatibilité sexuelle.

Mais voilà, l'affaire traîne en longueur et à chacun de nos rituels culturels ou gastronomiques, je me surprends à coordonner mes sous-vêtements en me disant que peut-être, ce soir, qui sait…

Mais non, rien ne se passe.

Chaque rencontre me plonge dans une timidité de plus en plus débordante et des sentiments confus s'installent. Malgré moi, je développe maladroitement une stratégie contre-productive faite de silences injustifiés. De manière assez présomptueuse, j'attends que mon oiseau mette un genou à terre une rose à la main. Il n'en est rien, il ne se livre ni en parole, ni en action, juste en omission. Je sens que tout en lui trébuche, sa séparation récente l'a-t-il anéanti ? En plein désarroi, je me confie à Nicolas, un ami qui s'y connaît en histoires compliquées. Pour l'occasion, il devient mon coach :

« C'est un homme brisé, il tient à peine debout. » Une explication qui m'arrange, une infirmière sommeille dans le cœur de toute femme en recherche.

Avec Nicolas, nous analysons les textos et mails du Monsieur et réfléchissons aux éléments de langage qu'il convient d'adopter pour élaborer des réponses ne visant qu'à un but : que cette (putain d') affaire se fasse. Tous nos efforts sont vains.

Voilà trois mois qu'a eu lieu la première rencontre et rien ne s'est passé. Mon coach n'en peut plus.

L'homme est lent.

Ou pas intéressé.

Pas intéressé, dit le coach, oublie.

Un jour pourtant, au moment de lui dire au revoir, je monte en demi-pointe pour lui faire la bise en oubliant de tourner complètement la tête, je sens que c'est le moment, il va se passer quelque chose.

Alors il prend son élan, et enfin, il m'embrasse ! Mais sans la langue, et les mains dans le dos, attitude qui n'aide ni à la décontraction ni à la contraction. Je suis paralysée par autant de maladresse. Je le sens verrouillé, pas disponible.

Aussi, pour redorer ma confiance en moi, je me disperse un peu, juste ce qu'il faut pour continuer à le voir tout en gardant le sourire.

Il ne veut pas de moi, qu'à cela ne tienne.

Il ne sait pas ce qu'il rate.

J'adore ma vie de célibataire, je suis libre, j'ai la vie devant moi.

Enfin c'est ce que je me dis en cet instant, l'œil humide, le nez dans un mouchoir.

Entre filles

En cette période de célibat où l'excès de liberté est à la fois anxiogène et souverain, les amis sont surtout des amies. Nous nous retrouvons entre filles pour partager des plaintes, de l'alcool et des anecdotes. Quelle différence y a-t-il entre nos préoccupations et celles d'une grappe de trentenaires ? Presque aucune.

« Le masculin est en train de s'éloigner du féminin, et, bientôt, on assistera à la guerre entre les hommes et les femmes. » C'est ce qu'affirme Virginie, cinquante-quatre ans, deux enfants, en galère d'hommes depuis cinq ans. La guerre ? « Oui, les hommes sont nos ennemis. Soit on se bat, soit ils s'éloignent. » « J'ai besoin d'explication là, eh les filles, Virginie nous fait une dépression ! » « Regarde autour de nous, où sont les hommes ? Il n'y en a pas », me répond Virginie.

Mais je vous rassure, l'idée de la guerre (et les copines) a aussitôt été abandonnée quand Virginie a trouvé chaussure à son pied. Un jour, pschitt, elle a disparu. J'ignore si elle a gagné la guerre mais en tout cas, elle a trouvé la paix… et un Jules.

Un homme catastrophe, Saison 2

Voilà trop longtemps que je suis seule. Pas malheureuse, mais seule. Je me dis que pour trouver un homme, je dois sortir, aller à des fêtes, des dîners, et ouvrir grand les yeux. Et la meilleure façon d'y être conviée, c'est de recevoir d'abord. Qu'à cela ne tienne, les invitations sont lancées : tout mon carnet d'adresses est prié de sauver la date. Chacun viendra accompagné d'une bouteille et de qui il veut. J'ajoute un smiley, et hop, envoyé.

Bien sûr, parmi la liste des destinataires, il y a cet homme si grand qui me plaît tant malgré sa calvitie et sa maladresse buccale. Il me demande s'il peut venir avec son ami Dominique qui habite le Sud et qui est de passage à Paris.

Moi : « Pas de problème, apporte ce que tu veux. Moi je fais des tartes. » « Des tartes ? » me demande-t-il. « Oui, je suis experte en tartes », dis-je fièrement

Je ne sais pas encore à quel point je vais m'en prendre une.

J'ai invité une vingtaine de personnes. Tout est prêt, l'interphone sonne. C'est lui. Il est le premier. Ils sont les premiers. J'ouvre la porte. Pendant deux secondes, j'imagine qu'il a croisé cette jolie femme dans l'ascenseur et qu'elle s'est trompée d'étage. Et puis les deux me sourient. Il me tend la bouteille, elle me tend la main.

Dominique est brune, ravissante, et a dû naître l'année de mes quinze ans. Elle vit à Nice où elle exerce la profession de médecin anesthésiste. En trois minutes et quelques phrases, je suis anéantie. Une ravissante sotte avec un tout petit inconvénient physique eût été moins douloureux, ou au moins avec l'accent de la banlieue de Nice, mais même pas !

Je visse un sourire sur mon visage (anesthésié) et cours remplir mon verre. C'est son droit, me dis-je, de préférer une femme plus jeune. Après tout, ce n'est pas le premier, ni le seul. Mais ce soir-là, en les regardant danser tous les deux, c'est aussi mon droit de conclure, dans un demi-sourire, que ce match ne fonctionne pas. Il fait trop d'effort pour être délicat, elle n'en fait pas assez pour paraître moins grave. Et puis, elle traîne du « trop » dans son sillage : trop parfumée, trop bronzée, trop fumeuse…

Mais ne suis-je pas tout simplement un peu trop jalouse ?

Mon coach s'approche de moi et, toujours prompt au bon mot, me glisse :

— Dis donc, son anesthésiste, elle l'a endormi !

Je me redresse, affûte mes griffes.

— Mais qu'est-ce qu'elle a de plus que moi ?

— Oh, rien de plus, juste quinze de moins.

Je suis dévastée, mais au moins, la situation est claire. Et voilà une nouvelle preuve que les choses se font vite ou jamais.

La fête finie, on me tend un pétard grand comme un nougat de foire. Je n'ai pas touché à mes tartes, et j'ai bu tout ce qui s'est trouvé sur mon chemin. L'herbe m'achève. Mon vomi atterrit en trajectoire horizontale sur le mur du salon, éclaboussant une dernière invitée encore plus saoule que moi.

Je mis trois jours à me remettre de cette soirée. Je restai dans mon lit, immobile, les yeux fixés sur l'écran du téléphone où s'égrenaient des remerciements mâtinés de compassion. Moi qui avais été reine de la nuit et bourreau des cœurs, comment en étais-je arrivée à devoir subir pareille déconvenue ?

Il m'appela.

Je ne décrochai pas.

Je n'étais pas d'humeur à accueillir ses excuses.

Finalement, je me décidai à écouter son message. Il me disait à quel point il avait été ravi de la soirée.

À défaut d'un certificat de jeunesse, j'allais miser désormais sur trois choses : la fantaisie (esprit, légèreté, joie, autodérision...), l'élégance (tenues, allure, port de tête...) et, les erreurs de l'adversaire, car même si je lâchais l'affaire... qui sait si Miss région PACA n'allait pas commettre quelques fautes de carre. Et d'abord, avait-elle suffisamment d'humour ? Une qualité sur laquelle il n'allait pas faire de concession. Chaque homme a ses critères, et les pondère à l'aune de ses préférences. Pour cet homme si doux, aux vannes ciselées et à l'air semi-dépressif quasi permanent, l'humour était une nécessité, presque un art de vivre, venant au secours d'une gravité intrinsèque et structurelle. Rien qui puisse me déplaire, mais en attendant, je me mangeais quand même un râteau, que j'avais du mal à avaler.

J'ai toujours observé que plus les femmes sont belles et jeunes, plus elles peuvent se permettre d'avoir des défauts qui seraient rédhibitoires à la cinquantaine. Par exemple, la minauderie et le caprice sont des postures qui siéent mieux à la fraîcheur et au sourire qui va avec. De même, les hommes pardonnent à la jeunesse et la beauté le manque de culture, l'absence de gentillesse, l'ablation de l'humour, l'inexistence de la générosité, le vide d'un C.V. et d'un compte bancaire. C'est le principe de compensation.

À la même époque, pour les besoins urgents d'une restauration rapide de mon ego malmené, je pris un abonnement chez une psy de mon quartier. Celle-ci me conseilla d'allumer les clignotants, ce qui signifiait qu'au-delà de mes sorties et soirées tartes, je me devais d'être plus directe, d'afficher une plus grande disponibilité auprès des hommes autour de moi. Ce que je fis.

Le ghosting

Le premier à repérer mes clignotants s'appelait Édouard. Il était jeune, beau, flanqué d'un esprit acéré comme je les aime et d'une intelligence perfide comme je les redoute. Je le rencontrai dans un dîner à la fin duquel je m'étais mise à danser de façon exubérante, presque sauvage. J'imagine que c'était l'idée que je me faisais des clignotants : le sourire et la danse. Toujours est-il que la méthode se révéla efficace. Deux jours plus tard, lui qui ne m'avait pas demandé mon numéro m'appela, et se révéla être un homme drôle et généreux.

Il tenait absolument à m'emmener en week-end dans un endroit de rêve. Le nom des villes italiennes les plus romantiques était évoqué, mais nous ne parvenions pas à nous décider. Un jour que nous discutions avec un de ses amis ayant vécu en Italie du choix de notre destination, je suggérai, presque timidement, le lac de Côme, qui représente pour moi le summum de l'évanescence amoureuse, comme tous les lacs du reste. À cette proposition, cet ami nous avertit que l'endroit était fort ennuyeux et qu'il était préférable d'être très amoureux. Et Édouard de répliquer du tac au tac : « Ah, alors il faut faire vite. »

Est-ce que j'aime autant l'esprit lorsqu'il est à mes dépens ? Un peu moins, je crois. Mon côté bonne joueuse se heurte à l'armure de mon ego. En tout cas, sur ce coup-là, l'adorable goujat ne croyait pas si bien dire.

Bien sûr, j'aurais dû me lever et partir. Mais juste après ses propos humiliants (et il y en a eu d'autres !), il savait se montrer adorable. Une technique chaud/froid qui rend dingue. Après trois mois de ces intermittences contrastées, et juste avant que ne soit organisé ce fameux week-end en amoureux, Édouard se volatilisa brutalement. Plus de son, plus d'image.

Il y a un mot anglais pour cette pratique liée aux nouvelles technologies : ça s'appelle le « ghosting ». Un jour, la personne disparaît de vos écrans radar. Elle n'est plus au bout de votre mobile, vous ne serez plus jamais au bout du sien. Vous vous étonnez de son silence en envoyant un point d'interrogation, mais vous comprenez, faute de réponse, qu'il s'agit en réalité d'un point final. Le procédé est lâche mais efficace, vexant voire traumatisant pour celui (celle) qui le subit. Pas de sanglots qui embarrassent, pas de repas de rupture larmoyant, pas de « tu es quelqu'un de vraiment formidable, tu sais », qui intervient juste avant que le plat de spaghettis à la *vongole* s'envole, projeté, sur la veste du costume, ni de « tu mérites mieux », qui va avec le « notre relation ne saurait supporter la médiocrité ». Pas d'explication maladroite – « je ne t'aime pas assez » – ou compliquée – « je ne me sens pas très bien ».

Non.

Juste une fonction smartphone : « bloquer le correspondant ».

Bien plus tard, je reçus un texto d'Édouard : « Comment ça va ? » En langage texto classique, cela signifie : « Je ne vais pas trop bien j'ai des choses à te raconter. » Mais venant d'un ex, on peut plutôt l'interpréter ainsi : « C'est quand qu'on rebaise ? » Peut-être qu'en période de disette et de pesante solitude j'aurais répondu : « Bien et toi ? » Nous nous serions alors réembarqués pour une relation épisodique, bancale et douloureuse. Étais-je suffisamment armée pour me refaire balader de la sorte ? Pour ne pas avoir à me poser la question, ce texto (sexto) a été écrasé, et la corbeille vidée, instantanément.

Relevons la tête !

De l'avantage d'être (avec) une jeune femme de cinquante ans

Au regard des statistiques purement intuitives de mon périmètre personnel, j'ai l'impression que nous, les jeunes femmes célibataires de genre féminin à l'orée de la cinquantaine et au-delà, sommes livrées avec quelques avantages dont nous tirons enfin les bénéfices. Après toutes ces épreuves, et pour me donner du courage, je me lance dans une liste assez généraliste que je vous livre ci-dessous et qui, selon les profils, peut être personnalisée.

Les enfants

Des enfants déjà faits et, avec un peu de chance, déjà grands et, avec encore plus de chance, déjà partis. L'ultime satisfaction étant : « et déjà autonomes dans la vie ».

L'assurance que leur existence n'empiète pas trop sur nos revenus nous donnera une tranquillité d'esprit, à laquelle s'ajoutera la certitude de les savoir en bonne santé. Et, histoire de nous ôter toute forme de culpabilité, la psychanalyse nous a enseigné que leur réalisation personnelle dépendait de la distance prise avec leurs parents, et que même les oppositions ou frictions étaient tout à fait souhaitables pour leur construction mentale. Ce dossier coché et classé n'enlèvera rien au bonheur de les voir à l'occasion des repas dominicaux auxquels nous les aurons suppliés d'assister.

Cela n'est valable que dans le cas où les enfants ont été conçus à l'âge légal banal normal, c'est-à-dire autour de la trentaine. Aujourd'hui, les choses évoluent tant la tendance chez les quadras est de vouloir (et de pouvoir) se reproduire sur le tard. Ce qui modifie considérablement l'emploi du temps de la jeune femme de cinquante ans qu'elle sera dans quinze ans. À New York, à partir de trente-cinq ans et de 20 000 dollars, les jeunes femmes célibataires se font « freezer les œufs », histoire d'être moins crispées sur leur horloge biologique et de prendre le temps de trouver *the one*. Un procédé à l'éthique discutable, et qui pourrait bien débarquer chez nous sous peu. J'imagine une sexagénaire avec sa boîte d'œufs dans le congélo proposant à son compagnon d'avoir un enfant issu de leurs gamètes ? Après tout, qui sait si demain, soixante ne sera pas le nouveau trente ? Je lance ici un appel solennel aux médecins chercheurs : je vous en prie, mettez une date de péremption sur la boîte, parce que je sens que certaines risquent de faire n'importe quoi.

« Bonjour, comment tu t'appelles ? Et c'est qui ce petit garçon ? C'est ton petit frère ? »

« Non, c'est le fils de ma grand-mère ! »

Le travail

Au niveau professionnel, en général, les jeux sont faits. Nous ne sommes plus en compétition avec personne, et nos armes ont été déposées aux pieds de ceux qui le voulaient absolument. Ayant atteint le point culminant de notre carrière, nous avons su laisser derrière nous ce concentré de stress qui a été nécessaire à notre construction par le passé. Plus besoin d'être arrivistes quand on est arrivées. Notre ego s'est très légèrement rétracté lorsque nous avons appris que la trentenaire du bureau d'à côté avait été embauchée au même salaire que nous parce qu'elle avait « plus d'expérience dans le digital ». Ce qui a l'inconvénient d'être injuste, agaçant et logique.

Peut-être vous êtes-vous heurtée au plafond de verre et avez stagné dans les méandres d'un travail tranquille, trop tranquille qui vous a comblée d'un salaire tranquille et de rapports sociaux tranquilles ? Ou bien êtes-vous de celles qui l'ont fait exploser, ce plafond de verre ? Le taser en bannière, on peut toujours tenter de barrer le passage à la tueuse d'envergure que vous êtes, on peut toujours essayer de vous pousser vers la retraite. Qu'ils s'approchent !

Les sous

L'avantage financier des quinquas, qui se situe entre un toit et un compte épargne, est l'assurance qu'a priori nous avons réussi à caler nos besoins sur nos avoirs, et donc que nous ne devrions pas lui coûter très cher – en tout cas moins cher que son gouvernement précédent, qui l'a laissé rincé, essoré, désossé.

Sans vouloir nous déconsidérer, la « maintenance » d'une jeune femme de cinquante ans, comme le disent les Américains à propos d'un appartement ou d'une épouse, devrait être moins élevée que celle d'une trentenaire en devenir. Avis aux radins, ou aux échaudés.

L'expérience

Nous avons acquis une pleine connaissance des écueils possibles de la relation à deux et en avons tiré quelques leçons. Même si nos névroses traversent les années sans prendre une seule ride, nous présentons là l'ébauche d'une relative sécurité affective. Bien sûr, il n'y a pas de garanties de résultats, ni de service après-vente, d'autant que nous avons gagné aussi un certain nombre d'habitudes non partageables, mais, pour peu que celles-ci soient compatibles avec les siennes, bingo !

Il y a toujours le risque de l'échec, de la lassitude ou celui de rencontrer quelqu'un d'autre. Avec l'option terrible que cela vienne de lui. Être avec quelqu'un que l'on aime, c'est prendre le risque d'être quitté(e) et que ça fasse mal. Mais, pour les avoir expérimentées dans tous les sens et inversement, ces données sont connues dès le départ.

En quête de l'homme idéal

Maintenant que nous avons regonflé notre ego, tentons de nous préserver des effets collatéraux que les râteaux sentimentaux peuvent avoir sur le moral, le poids ou la peau. Afin d'éviter de perdre un temps de plus en plus précieux, il convient de déterminer avant toute action à quoi ressemble le parfait candidat pressenti à partager notre vie – ou du moins une partie.

À seize ans, mon homme idéal devait savoir godiller dans la poudreuse et sur l'eau. Je l'aimais encore plus s'il savait faire des gerbes super hautes avec son monoski et s'il connaissait les accords à la guitare de *San Francisco* de Maxime Le Forestier. À vingt ans je le voulais musicien classique ou politicien pas classique. À vingt-cinq, il me séduisait s'il avait fait Normale Sup' en lettres classiques ou s'il était golfeur professionnel. Il devait m'apprendre des choses, me faire lire des livres, me transformer en éponge. À trente ans, il devait avoir un plan de carrière bien défini, décliner des ambitions enragées de la façon la plus modeste possible et acquiescer sans commenter quand j'enrageais contre l'attitude de mon père. À trente-cinq ans, il était préférable qu'il sache raconter des histoires drôles et amuser la galerie. À quarante ans, il devait être un virtuose, dans quoi ? Allez, devinez !

Non, pas la cuisine.

Non, pas la godille.

Dans cette chose sans issue.

Et à cinquante ans, dans nos rêves, comment est-il ? Quel est l'homme idéal pour la jeune femme de cinquante ans ?

L'homme idéal est un ex

La relation s'est bêtement terminée il y a très longtemps et l'ex a gardé en mémoire ce temps où vous étiez jeune et ferme. Vous vous connaissez, vous vous êtes connus, vous vous êtes bien aimés, vous savez que ça marche, et les raisons pour lesquelles ça n'a pas marché ne sont plus d'actualité, alors pourquoi pas ? L'ex fait gagner du temps. Peut-être pourriez-vous déjeuner régulièrement avec lui, histoire de garder le contact, de prendre la température ou, tout simplement, de surveiller sa relation avec sa partenaire. Ce contact permettra de jauger une possibilité abstraite, quelque chose d'indéfinissable, de rassurant, que l'on rangera quelque part dans les données de son « cloud » mental. Une sorte d'abri antiatomique émotionnel. Derrière les fagots, l'ex existe, et c'est bien de le savoir. À partir d'un certain âge, activer une première relation n'est pas évident, nous sommes moins aptes à la nouveauté, mais réactiver une ancienne…

L'homme idéal a le même âge que nous

Il se choisit de préférence dans sa tranche d'âge, ce qui, comme on l'a vu, n'est pas toujours très simple à dégoter quand on se remet sur le marché sur le tard. L'avantage d'être de la même génération, c'est la complicité, l'appartenance au même monde, le partage émotionnel d'événements du passé. C'est pouvoir chanter ensemble un morceau extrait de l'album *Atom Heart Mother*. On connaît l'ancien régime, on a vécu les mêmes révolutions. On s'autorise de beaux échanges, des smashes en coin, un seul rebond suffit, on se renvoie la balle, celle de la connivence.

Côté santé, le couple de la même génération partage un capital énergétique au même niveau, des fatigues similaires, des chutes de régime, des rhumatismes qui s'installent, des articulations qui grincent, des dents qui s'effritent, une ouïe en baisse, révélation de l'effondrement de pans entiers du mur de la mémoire… Chacun portant à l'autre une attention particulière et une tolérance pour les mots inconfortables interdits par la pudeur – coloscopie, alopécie, prostate, implants dentaires… – et qui sont proscrits dans le cas d'une différence d'âge.

L'homme idéal est bienveillant

Parce que la bienveillance est à la mode et vient tout en haut de la liste des qualités requises, l'homme idéal de la femme de cinquante ans est gentil. Ce que dans le passé nous prenions pour de la faiblesse (ils se reconnaîtront) a désormais des accents de noblesse absolue. Pour être certaine que notre cible possède ces qualités, il ne faudra pas hésiter à étudier discrètement sa biographie sentimentale. Dans quel état a-t-il laissé ses ex ? Les premières impressions pourront être complétées par quelques avis extérieurs, mais attention aux conseillères et aux voleuses. Si un homme idéal passe dans le coin, nul doute que des créatures rivales munies d'un filet à papillon doivent déjà rôder autour.

L'homme idéal a du charme

Ce n'est pas le plus beau, mais vous le regardez, et l'homme idéal vous plaît. S'il ne possède pas toutes les qualités susmentionnées, ce n'est pas très grave. Rien que le fait qu'il vous plaise absout certains critères dont à jeun vous n'auriez jamais pensé pouvoir vous passer. Mais quand même, arrangez-vous pour récupérer la bio de ses services rendus. Le charme est traître.

Parfois, fuir l'homme au charme trop évident est un acte de bon sens.

L'homme idéal n'est pas sur les réseaux sociaux

Il garde son narcissisme pour lui seul. Au pire, il est passif, au mieux, il n'est pas sur Facebook, ni sur Instagram, et ne tweete pas non plus parce qu'il ne fait pas de politique et n'a rien à vendre en particulier. Et il n'est pas sur LinkedIn non plus, parce qu'il ne cherche ni clients, ni travail. D'abord, il a déjà un travail, et ensuite, il sait très bien qu'à son âge (puisqu'il a le même âge que vous) il n'en trouvera pas par cette voie-là.

L'homme idéal a réglé ses problèmes

L'homme idéal est divorcé. Il a une vie passée, vécue, digérée, et rangée quelque part à la cave. Rien de pire que de vivre sur le tempo des délibérés reportés et des pensions pas encore négociées. Longtemps, l'homme idéal s'est couché de bonne heure avec la même femme. La perfection voudrait qu'elle l'ait quitté pour des raisons liées à l'usure et à la mauvaise foi. Avec le temps, sa femme s'est lassée, et s'est enfuie du jour au lendemain avec un mécano togolais. Une fois l'effet de surprise passé, et la conscience que lui aussi s'ennuyait dans cette vie à deux, l'homme idéal en a été soulagé. Rien de pire qu'une usure matrimoniale doublée de rancœur qui traîne en longueur. Avec son ex, ils sont restés bons amis. Les modalités du divorce ont été expédiées autour d'une bonne bouteille dans un bistrot du coin avec un stylo et une division griffonnée sur le coin de la nappe en papier, donnée telle quelle à leur avocat commun. Rien de plus vulgaire que la guerre éternelle et les calculs compliqués. L'homme idéal n'est en guerre avec personne, surtout pas avec son ex-épouse, il déteste le conflit et fait semblant de ne pas savoir compter.

Chez l'homme idéal, les enfants sont déjà fabriqués, mieux, déjà élevés, et encore mieux, déjà envolés. Mais s'il y a des enfants encore planqués sous les ailes, quelle chance ! Parce que d'une part, tout comme l'homme idéal, ses enfants sont forcément gentils, intelligents, pleins de charme, heureux et autonomes, et aussi parce que se promener l'été en short en jean, avec un chapeau de paille, un peu de crème teintée sur le nez, son homme idéal au bras et ses jeunes enfants à la suite, en laissant planer cette douce confusion qu'ils sont à vous, croyez-moi, ça fait jeune.

L'homme idéal est veuf

A priori, je n'aurais pas pensé spontanément à cette cible, nous sommes cyniques mais nous avons nos élégances. Cependant, une conversation avec une de mes amies m'a mis la puce à l'oreille.

Voilà trois ans que Laurence, cinquante-cinq ans, est seule. Son mari a pris ses jambes à son cou après vingt-cinq ans de vie commune, le lendemain des résultats du diplôme universitaire du petit dernier. Depuis, il s'ébroue dans les bras d'une Ukrainienne de trente ans. Pour elle, c'est comme s'il était mort, mais en plus cruel encore. Décédé, au moins, elle toucherait la pension, me dit-elle à moitié sérieuse.

Peu après, ce sont ses enfants qui partent. Là, elle se dit qu'il est temps de trouver un nouveau compagnon. Elle fait le tour de ses relations, en vain, puis traîne un peu sur un site de rencontres. Au début elle s'amuse, puis elle est déçue, avant d'être plusieurs fois blessée. Entre les éternels célibataires jamais prêts pour une histoire à deux, les hommes dont le divorce ne sera jamais réglé, ceux qui couchent encore avec leur ex-femme, Laurence m'explique un soir à quel point le marché est bouché. Puis, triomphante, elle s'exclame : « Qui est libre et n'est pas encombré d'une ex-femme ? Le veuf ! »

Le veuf est un produit rare, très couru. À l'argus de la course à l'homme idéal, le veuf est placé sinon gagnant. Le veuf a plein d'avantages : il est libre, il ne verse pas de pension alimentaire, il a peut-être même récupéré une partie des biens de feu son épouse – une assurance-vie, un appartement, une maison… –, avec un peu de chance, ses enfants sont grands, et avec encore plus de chance, Madame est partie sur la pointe des pieds, sans pathos, sans chimio interminable, juste un truc tout bête, brutal, mais pas violent, et qui peut arriver à tout le monde, n'importe quand. Attention tout de même, le veuf est saisissable dans une fenêtre de tir très étroite qui se situe entre la période un peu floue de la fin de son deuil et celle de sa résurrection sociale. Au-delà, c'est trop tard, vous pouvez être certaine qu'il est déjà pris.

Le ténébreux, le veuf, le consolé, n'est encombré que d'une chose contre laquelle vous ne pouvez lutter : ses souvenirs. Dans un premier temps, il faudra faire avec. Mais une fois bien en place, il vous appartiendra de déconstruire avec subtilité la patte décorative de « l'Autre », cette absente un peu trop présente à votre goût. Si d'aventure votre nouveau compagnon a laissé sur la cheminée, bien visible, une urne mystérieuse, il faudra songer à s'en séparer. Mais comment ? Déplacer un meuble, c'est facile, repeindre la cuisine, c'est faisable, se débarrasser d'un lustre ou d'un tapis acheté en Iran avec l'Autre, c'est envisageable, vous pouvez toujours le mettre sur le Bon Coin et lui annoncer un jour qu'il est parti pour un prix imbattable. En revanche, même aux enchères, même sur eBay à une somme symbolique, l'urne de la cheminée n'est pas commode à fourguer. J'imagine l'annonce : « Vends urne très peu servi, à peine occupée – 1 euro, frais de port non compris – design sobre et contemporain, s'adapte à tous les styles. Prix à débattre. » La faire disparaître une deuxième fois sans l'avis de Monsieur n'est pas fair-play, la descendre à la cave non plus.

Le mode d'emploi de récupération d'un veuf dans la période de réactivation de ses fondamentaux psychologiques et sexuels répondra à des exigences particulières qu'il vous faudra comprendre avant les autres. À vous de voir si le veuf préfère être bousculé, ou s'il exige de prendre son temps. À vous de lancer le filet petites mailles dans la rivière des possibilités et de le remonter sans à-coups.

Bien sûr, mes remarques ne sont valables que si le veuf est un quinquagénaire voire un sexagénaire du premier tiers. Les veufs septuagénaires ou octogénaires sont plus nombreux, mais pour ce que nous avons l'intention d'en faire, ils demeurent moins attractifs. Il est question d'homme idéal pour jeune femme de cinquante ans je vous rappelle.

« Où trouve-t-on des veufs ? » Et Laurence de m'expliquer qu'elle s'est inscrite dans un groupe d'aide psychologique aux personnes ayant perdu un conjoint. Un jour, elle apprend l'existence d'une association dont la vocation est d'accompagner le deuil du conjoint et propose sa participation au groupe de soutien. Elle n'a perdu personne au sens où l'entendent les gens autour d'elle, et elle n'a pas l'intention de mentir non plus, aussi parle-t-elle de disparition au sens général, sans donner de plus amples détails. D'entrée de jeu, lors d'une réunion, elle avance qu'elle ne veut pas donner dans le pathos funèbre, mais qu'elle espère retrouver très vite la joie, la vie, et pourquoi pas, s'entend-elle dire, un autre compagnon. Tous acquiescent et saluent le courage de son propos. Elle participe à quelques réunions et repère un veuf tout neuf, tout gentil, tout mignon. Un jour, à la fin d'une séance, elle lui propose un verre. Ils vivent désormais heureux, et avaient déjà beaucoup d'enfants.

Quelques semaines après ma terrible soirée Tartes, un super veuf m'est présenté. Un bon dossier, une allure distinguée, un métier original, un château normand, une aisance polie à tous les étages, et je vous passe le C.V. qui ne rentrerait pas dans un tweet même si son école ne prend qu'une seule lettre. D'après ce que j'observe, les rideaux de sa fenêtre de tir sont légèrement entrouverts. Il ne me reste qu'à fermer un œil, bien ouvrir l'autre, ajuster le discours, caler la flèche et tendre l'arc.

Mais voilà, il ne se montre pas très entreprenant. Est-il intéressé ? Le suis-je s'il ne l'est pas plus que ça ? Je suis une princesse timide de la plus vieille école. On m'a appris que c'est l'homme qui fait les démarches. Alors je ne bouge pas. Pourtant, je dois savoir que cette stratégie ne m'a pas toujours réussi car ce sont souvent les plus audacieux qui m'ont cueillie, au détriment de ceux qui ne se décidaient pas assez vite et qui m'auraient peut-être davantage plu. Mais on ne change pas à cinquante ans un fonctionnement perdant. En tout cas, plutôt mourir que de faire le premier pas. Je vais donc attendre patiemment, comme il se doit.

Il m'invite à passer le réveillon du 31 et comme je suis charitable, généreuse et naïve, je propose à une de mes copines seule et jolie de se joindre à nous. Pourquoi ? m'a-t-on demandé par la suite. Je n'ai pas la réponse.

Au cours de la soirée, je la vois effectuer quelques figures de style impeccables. Rien n'est dit ou fait au hasard, son show est une œuvre d'art, un plan en deux parties, la perfection, la séduction, la grâce, il n'y a rien à dire mais je jubile par avance du mur qu'à tous les coups elle va se prendre. En tout cas c'est ce que je me dis quand elle m'appelle le lendemain pour me demander le numéro de téléphone du Monsieur pour le remercier. Quelle n'est donc pas ma surprise quand je reçois de sa part quelques semaines plus tard une lettre d'invitation pour un week-end au château. Et de me remercier chaleureusement pour lui avoir présenté cet homme qui partage désormais sa vie et la rend si heureuse.

Ils sont toujours ensemble.

Mais quand même, qui vole un veuf…

Quelle leçon dois-je retirer de cet épisode ? L'attente ou l'attaque ? À ce moment de mon histoire, je ne sais pas encore qu'il n'y a qu'une seule bonne réponse.

C'est l'attente, bien sûr.

L'homme idéal n'est pas barbu

La façon dont les hommes portent le poil a du sens. Qu'il soit désormais non négociable m'irrite, et pas seulement la joue. Au-delà de l'accessoire de mode, il est devenu aujourd'hui le parangon d'un panurgisme le plus endémique.

La barbe projette quelque chose entre virilité et préciosité, et pendant longtemps je me suis demandé quoi en penser. Je crois que j'attendais d'être sûre de mon appréciation sur le sujet. Après tout, nos jugements peuvent évoluer, parfois radicalement changer. Il y a bien un temps où j'aimais les blonds avec mèche et les souliers à pompons. Notre histoire personnelle est farcie de ces choses de mauvais goût qui ne font que passer. (Et je ne vous parle pas des hommes.)

Le port de la barbe fait partie de ces modes qui obéissent aux envies capricieuses des vecteurs de tendance, designers de mode, Art Director, hipsters des grandes villes, gays, maître yogi. La barbe, c'est l'uniformité qui naît de l'ennui. Chez les hommes de plus de cinquante ans, la barbe n'est jouable qu'à l'unique condition qu'elle ne soit pas blanche, ni grise du reste, et c'est difficile car ces endroits sont les premiers atteints. Sinon, c'est une absurdité. Tout autant que de la teindre, et, si c'est le cas, alors là les gars, vous êtes passés de l'autre côté du miroir. Je vois des quinquas pimpants et facétieux, qui, le temps d'une pousse, se transforment brutalement en vieux cendriers hirsutes. Je ne vous dis pas l'état de l'épiderme si le cendrier se pique de nous embrasser au-delà de la simple bise.

On a mieux à faire, pendant l'amour, que de se protéger le menton avec la main.

Alors mes chéris, STOP !!

Vous pensez être à la mode, vous faites plus vieux !

Allez, ça suffit maintenant,
Rasez-vous de près, approchez-vous,
Maintenant embrassez-nous,
Et ne recommencez plus.

Mon homme idéal se rase le soir.

L'homme idéal est-il moins bien que vous ?

Faites une équation entre l'âge, la beauté, la taille, le milieu social et le compte en banque, et vous pouvez deviner lequel des deux aura la chance de dominer la situation. Bien sûr, tout cela est plus statistique que mathématique. Mais en gros, l'homme vilain, âgé et pauvre n'a pas la main a priori et ne l'aura jamais, sauf aptitude légendaire à l'horizontalité référencée par des personnes bavardes. Et encore, ces qualités se tassent avec le temps. Celui des deux qui est le plus jeune et qui, en plus, réussit sa vie professionnelle a le contrôle définitif, sauf névrose familiale identifiée, comme mère adorée ou mère haïe, ce qui, sur l'échelle de la difficulté maritale, revient au même. Idem dans l'autre sens, si j'étais un homme, j'aurais la plus grande méfiance pour les femmes qui adorent ou détestent leur père.

Si on pense qu'il vaut mieux choisir « moins bien que soi » pour réduire les chances d'être quittée, on se trompe. Nous pouvons faire confiance à la vie pour nous apprendre que le « moins bien » n'est pas forcément le plus sûr. Imaginez le jour où le dit « moins bien » vous quitte brutalement alors que vous pensiez apporter dans la corbeille de la « relation à deux » quantité d'ingrédients attractifs bien supérieurs aux siens. Vous subissez alors une double blessure narcissique : celle de la rupture, et celle d'être quittée par un gentil bras cassé. Donc choisissez toujours, même pour rire, le cran au-dessus. À savoir plus jeune, plus grand, plus tout que vous. Vous n'en serez que davantage respectée par votre entourage, et les candidats suivants seront du même niveau.

Pendant longtemps, j'ai erré, le cherchant sans en avoir l'air, mais non, rien à faire, aucun des hommes libres et célibataires croisés sur mon chemin ne présentait les qualités de base que les filles toutes simples comme moi recherchent : de la gentillesse, du respect, de l'éducation, de l'aisance. Ah, des chemins courts, des embardées, des impasses, des erreurs d'aiguillage, des très mariés, des trop jeunes, des cabossés, en pagaille. Mais du lourd, du stable, du « normal », du possible, non, rien, jamais, personne J'ai donc fini par adopter la résolution que voici : « soit bien soit rien ».

Petite série de conseils

Éviter l'homme marié

Alors, bien sûr, il y a toujours la possibilité d'emprunter le mari de l'une de vos copines sans envie de restitution. C'est du vol, et ce n'est pas bien. Vous perdrez la copine, bien sûr, et les foudres de l'Olympe s'abattront sur vous. Mauvais karma !

Personnellement, je n'ai jamais donné dans l'homme marié, sauf celui qui, séparé depuis longtemps, avait déjà réglé toutes ses petites affaires. Pour une aventure, l'homme marié est un distributeur de douleurs avant/après, c'est ce qui rend le « pendant » intéressant mais le jeu est dangereux et les dégâts puissants. Une relation longue et amoureuse avec un homme marié au pire vous embarquera dans la haine de vous-même, au mieux vous amusera, mais un temps seulement. Les hommes sont lâches et préféreront toujours leur confort à la gestion des complications ou à celle des compromis avec les sentiments. C'est la patience qui gagne (ou perd), c'est l'impatiente qui perd (ou gagne), et franchement, on a autre chose à faire. Au cas où la culpabilité à haute dose provoquerait des maladies, n'y allons pas.

Pour l'éviter, c'est simple, ne le calculez pas, l'homme marié doit rester entouré d'un halo impénétrable, ne le laissez vous pénétrer sous aucun prétexte.

Attention, méfiez-vous du discours de l'homme marié qui est toujours le même :

L'homme marié ne fait plus jamais l'amour avec sa femme. **Faux**.

L'homme marié est sûr que sa femme le trompe. **Faux**.

L'homme marié n'a jamais trompé sa femme avant vous. **Faux**.

L'homme marié ne s'entend plus avec sa femme. **À moitié faux**.

Il prévoit de la quitter. **Faux**.

Et nous pouvons encore décliner cette liste :

L'homme marié annule souvent à la dernière minute. **Vrai**.

Pour des raisons qui ne sont pas celles qu'il vous donne. **Vrai**.

Sachez que votre histoire avec l'homme marié risque de se terminer le jour où sa femme va l'apprendre. La balle sera alors dans votre camp.

Car une fois le pot aux roses découvert, le mari cramé, l'infidélité avouée, la priorité de l'épouse sera de garder son mari. Celle du mari sera de garder sa maîtresse.

Une de mes amies, qui s'était laissé aller à la séduction rodée d'un homme marié, s'est retrouvée encombrée de l'ire de l'épouse qui voulant savoir, un jour, sut. Un soir, la femme bafouée s'installe sur le palier de l'appartement de ma copine avec machettes, couteaux et kalachnikovs dans les yeux.

Quand la maîtresse rentre chez elle, elle voit cette femme, assise sur les marches, flanquée d'une expression suffisamment explicite pour que les présentations ne soient pas nécessaires. Stupéfaite, ma copine dit d'une voix chevrotante : « Mais enfin, que voulez-vous ? Que faites-vous là ? » L'épouse alors de lui lancer fermement, d'un ton qui n'appelle aucune réponse : « Si tu t'approches encore une fois de mon mec, JE TE TUE. »

Malgré l'intensité de la relation, la maîtresse estima que le jeu n'en valait pas la chandelle. L'histoire prit fin immédiatement.

Ne pas être celle qui vient juste après une séparation

Avec un peu de chance, vous pourrez en attraper un au vol juste après sa séparation. Oui, ça c'est bien, mais en ayant pris soin de laisser passer un peu de temps, et de ne pas être la *rebound girl*, la fille du rebond. Celle-là va prendre cher pour l'échec précédent, elle a toutes les (mal) chances de vivre à la rame une aventure qui ne durera pas. Elle ne voit pas le mur devant elle et va se le prendre de face à Très Grande Vitesse. Il en faut toujours une, autant que ce soit une autre qui s'y colle.

Être là au bon moment, non figée, postée comme un sniper sur le mâchicoulis de la patience, toute en observance aiguë, est la bonne posture.

Repérer les foireux

Méfiez-vous de l'homme qui n'a jamais eu d'épouse ni de relations longue durée. De l'homme qui n'a pas eu d'enfants, de celui qui en a mis plus d'une au tapis. Ils sont connus, référencés, on les tient à distance, au mieux on les salue, mais interdiction formelle de dépasser plus de deux phrases ou un verre en leur compagnie. En cas de doutes, regardez bien son Google entre les lignes, ses stories sur Instagram, interrogez vos amis communs dénichés sur Facebook (s'il n'y en a aucun, bizarre, bizarre), appelez Duluc Détective et, faute de mieux, interrogez une de ses ex pour qu'elle vous raconte : les hommes draguent et larguent toujours de la même façon. À nos âges, plus de temps à perdre avec des tordus, d'autant qu'ils sont nombreux. Allons direct sur le bon. Ah, vous trouvez que tout cela manque de mystère ? Oui, je sais chéri, mais je suis à un âge où les années comptent triple, donc merci de me prévenir. Mon petit cœur tout fragile, tout impatient, t'en remercie par avance.

L'éternel célibataire se plaint de sa difficulté à tomber amoureux, mais peut tout aussi bien se désoler de l'artichaut qui squatte son cœur. Et quand il clame haut et fort espérer rencontrer un jour l'amour, le vrai, on se marre. Dans tous les cas, il demande pardon à la cantonade pour ses attitudes sentimentales erratiques passées dont il ne gère pas les conséquences. Parmi vos copines, certaines y ont déposé des larmes et laissé des plumes, nous les avions pourtant prévenues.

Il y a aussi le spécimen très à la mode que l'époque fabrique en série, le pervers narcissique. Un des avantages de la maturité c'est d'avoir déjà eu affaire à lui, d'avoir trébuché dans ses filets, d'avoir eu peur, et de savoir désormais les identifier. L'histoire tordue avec le pervers narcissique, c'est comme la varicelle, on ne l'a qu'une fois. Ensuite, le vaccin est valable pour la vie entière.

Pourquoi y en a-t-il autant ? Est-ce la faute aux réseaux sociaux qui dilatent l'ego à moindres frais ? Ou à la tendance petit prince d'une éducation dispensée par des mères abusives qui produisent des adultes vrillés ? Toujours est-il que je vous engage à prêter une attention particulière aux reproches gratuits, à la parole coupée, aux compliments excessifs balancés aux jolies filles en notre présence, aux références appuyées à leurs ex-compagnes, qui étaient si formidables, elles… Tous ces comportements sont autant de bonnes raisons de s'enfuir. Car, devant un refus de se soumettre, le PN peut devenir dangereux : discours en boucle, victimisation, affabulation, mauvaise foi, accusation, harcèlement… Rien n'est de sa faute. Il détruit la personnalité de son partenaire au fil du temps. Ce manipulateur instrumentalise des « amis » qui ne font que passer. Il ne garde jamais. En bon prédateur, il ne cherche que son intérêt, et jouit de la destruction de l'autre. Le PN est un virus, et un virus ne se soigne pas. Le PN se conjugue autant au masculin qu'au féminin.

Aujourd'hui, l'effet paradoxal de la popularité du spécimen pousse la moindre créature semi-larguée à voir chez son futur-ex le parangon du pervers narcissique. Une de mes amies avocate, spécialiste du droit de la famille, affirme qu'une femme sur deux entre dans son cabinet avec les pages photocopiées de l'un des ouvrages spécialisés sur le sujet. Furieuses, elles les brandissent comme la justification réclamant de revoir la pension alimentaire à la hausse.

Attention tout de même à notre envie folle de « rencontrer quelqu'un absolument » qui nous fera pardonner à cet homme charmant des choses peu tolérables. On a tellement envie que ça marche que notre sens commun perd de l'altitude à l'approche du moindre partenaire possible.

Je me souviens d'un homme charmant dont le dossier de présentation remplissait à peu près tous mes critères : libre, dirigeant d'entreprise, joli garçon, plus jeune que moi mais juste ce qu'il faut, un enfant vivant chez son ex, un sexe cordial et agréable au toucher… Bon, j'avais décidé de faire l'impasse sur la dimension culturelle en art et lettres pour laquelle il était un peu faible. Mais la perfection n'existe pas, me disais-je comme pour l'excuser de son ignorance crasse. Dans ces cas-là, voulant tellement que ça marche, je me persuadais que la complémentarité dans la relation amoureuse était une garantie de réussite, alors que les profils similaires auguraient d'un ennui inévitable. C'est à cause de cette certitude un peu crétine, selon laquelle il faudrait être différents pour bien s'entendre, que je me suis retrouvée embarquée avec des êtres vraiment singuliers. Parfois trop.

Un jour, nous nous rendons à un dîner en voiture. Je suis au volant, car il a écopé d'une suspension de son permis de conduire pour un an. Je déteste conduire dans deux circonstances : la nuit car je n'y vois pas, et avec un homme qui demeure silencieux à mes côtés le pied droit crispé sur un frein virtuel. Le fait qu'il commente ma conduite ne décontracte pas. Au début, le ton est aux indications (« Va plutôt sur la file de gauche »), puis, à l'ironie (« T'as vraiment eu ton permis ? »), et enfin, à l'ordre (« Repasse en seconde »), avant de dériver sur des injonctions de plus en plus agressives qui relèvent du jugement. Elles m'évoquent un homme dont le doigt s'acharnerait sur la gâchette en me regardant dans son viseur. Le volume sonore monte, le débit s'accélère, les propos de mon joli nouveau ex-fiancé commencent à ressembler à des insultes. Je comprends que le mec est dingue. Mais il y a une partie de mon cerveau qui est dans le déni et continue à faire de la résistance. Il me faudra encore quelques humiliations inacceptables pour me résoudre à le quitter.

Se méfier du trop sportif

Méfiez-vous aussi de ceux qui, la cinquantaine passée, sont « nickel chrome » : le ventre chocolaté, la fesse praxitélienne, le muscle en arbalète, les pectoraux festonnés, le torse brandissant le V d'une victoire sur le temps. Quelle angoisse ! Ces stakhanovistes du sport, fous de leur corps, cachent un narcissisme envahissant plutôt qu'un soin de soi. Grattez un peu et vous verrez qu'ils mangent des graines, des algues et des protéines vingt minutes après l'effort. Et si vous découvrez de la créatine dans un tiroir : là encore, la seule solution est la fuite.

L'entretien assidu, oui, l'acharnement exigeant, au secours.

Conséquences de l'état amoureux

Souvenez-vous à quel point l'état amoureux nous a dirigées dans le passé, il nous a même parfois fait faire n'importe quoi. Combien de risques avons-nous pris en son nom ? Aujourd'hui, nous sommes moins impulsives et plus raisonnables que dans nos années de jeunesse face à ce sentiment merveilleux. Nous gardons les pieds sur terre et la tête sur les épaules car nous savons, pour l'avoir éprouvé, que la moindre faute de carre peut nous faire dévaler la pente sur les fesses. On glisse plus vite à cinquante.

Les dommages collatéraux et les effets secondaires, surtout en début et en fin d'histoire, sont nombreux. En négatif, il y a du désordre alimentaire, de la perte de concentration, une chute du chiffre d'affaires, de la frustration non contenue, et un moulin qui tourne dans la tête sans s'arrêter. En positif : un amincissement brutal, de douces rêveries, une montée en puissance de la libido, l'ocytocine en ébullition, une mise en lévitation permanente, et toujours le moulin qui tourne dans la tête sans s'arrêter… Nous nous laissons aller sans frein dans cette pente dont on ne sait si elle est montante ou descendante.

Cependant, dans le fond, l'idée de l'amour et l'état amoureux sont des choses qui n'ont rien à voir avec ce que les femmes de cinquante ans recherchent, à savoir une relation amoureuse et durable avec partage de sentiments et de bons moments. Un bon conseil que je vous livre mais qui n'est pas toujours simple à mettre en place, c'est de s'interdire d'aimer quelqu'un qui ne vous aime pas. S'il ne vous aime pas c'est qu'il n'est pas digne d'être aimé par vous.

Une de mes amies m'a révélé un jour que l'homme dont elle était très amoureuse, mais qui avait cessé de l'aimer, lui avait dit : « Je ne veux plus de ton amour. » Parfois, je me demande comment certaines font pour s'en remettre.

Mais si l'amour, l'idée de l'amour, les effets de l'amour, l'entente amoureuse, si tout ça est partagé, alors allons-y.

Fermons les yeux. Ouvrons-les. Profitons des frissons.

Laissons-nous aller à ce grand mélange des trois stades amoureux que nous convoitons sans le savoir à ce stade de notre vie et qui nous apportera un peu d'Éros, quelques gouttes de Philia, et une bonne tranche d'Agapé.

Donc se méfier de l'état amoureux, oui un peu, mais le chercher quand même, sans se décourager.

Et peut-être alors le trouver ?

Oui mais quand ?

Le compteur tourne !

Ne pas être trop difficile

« J'en ai assez, je ne rencontre personne ! », se plaint Elisa. « Mais cherches-tu au bon endroit, remarques-tu les bons ? », je lui réponds.

Elisa, très belle jeune femme de cinquante ans, ex-mannequin, gâtée dans son passé, rompue aux égards, attachée à l'allure et aux belles étoffes, se désole de ne pas trouver un homme pour partager sa vie. Au début, j'ai un peu de mal à comprendre car, parmi toutes les quinquas du monde, s'il y en a bien une pour laquelle je ne me fais aucun souci, c'est bien elle, si douce et tellement jolie. Mais, il y a quelque temps, elle m'a fait le récit d'un énième échec amoureux qui m'a laissée songeuse.

— J'ai rencontré un homme qui me plaît. Cinquante-quatre ans, physiquement pas mal du tout, beaucoup de charme, pas inintéressant. Il me raconte son divorce, ses enfants, sa collection de livres anciens, son potager bio, son club aéronautique (oui, il fait du planeur), son expérience de bénévole dans un camp de migrants, sa thèse sur Georges Bataille, la dernière application qu'il a créée et que Google voudrait racheter… L'autre jour, il me propose de partir en week-end, j'accepte, et il m'emmène dans sa maison de l'île d'Oléron, une très jolie bâtisse.

— Mais il est formidable cet homme, et après ?

— Le soir, on devait aller dîner chez des amis et là, je le vois débarquer sapé, je te dis pas, en chaussures Geox et chemise à carreaux manches courtes !

— Oui, bon ce n'est pas très grave, c'est un détail.

— Un détail ? Tu plaisantes, un détail qui a son importance ! Naturellement, je lui explique qu'il ne peut pas continuer à porter des choses comme ça. Et là, il me dit : « Mais mes amis s'en foutent. » Alors je lui réponds : « Peut-être tes amis, mais moi non. » Eh bien, tu sais quoi ? Il a trouvé que j'étais trop directive ! C'est les mecs, ça, tu essaies de les arranger, de les améliorer, et eux, ils ne sont pas contents. Ben tu sais quoi, il n'a qu'à rester avec sa chemise à carreaux et ses semelles qui respirent !

Il me semble surtout qu'Elisa est verrouillée par un syndrome de perfection, qui la conduit inévitablement à l'échec. Trouver quelqu'un qui lui convienne serait trop impliquant, trop difficile à gérer, trop beau. La peur de faillir la conduit à s'arranger avec la fatalité. Elle cherche et trouve chez l'autre ce qui ne va pas, ce qui ne peut pas aller, rendant inopérable toute approche et *a fortiori* toute construction. Pour Elisa, aucun homme ne sera jamais assez élégant. Elle ne le connaît pas encore qu'il commet déjà des fautes de goût.

Je lui aurais bien suggéré d'aller voir un psy.

Ah oui, c'est vrai, j'avais oublié, elle est psy.

Ne pas se lancer avant d'être prête

Il y a deux mille ans, Marie-Ange était en 6e B avec moi. La vie a suivi son cours : mariage, deux enfants grands et partis, et voilà que je la recroise, des années plus tard, en blonde, bronzée et fraîchement séparée de son mari volage, qui l'a brutalement quittée après trente-trois ans de vie commune.

Comment se remettre de ce départ soudain ? Certains disent qu'il faut le double du temps passé avec une personne pour se reconstruire. Patience, dans soixante-six ans, Marie sera sortie de l'auberge.

Mais ce sera un peu tard, il fera nuit. Je lui conseille de zapper au plus vite. Sur le principe, elle est d'accord, mais pour l'instant, elle se demande qui elle est. Elle n'a jamais travaillé, s'est accrochée à cette idée de famille parfaite à laquelle elle tenait absolument jusqu'à s'en oublier. Et, maintenant que tout s'est effondré, elle ne sait pas par où commencer. Pourtant, elle affirme être prête pour une nouvelle histoire. Je lui propose alors de l'aider à rédiger la présentation de son profil sur un site de rencontre dont certaines de mes amies vantent la qualité des visiteurs.

Quelque temps après, Marie-Ange s'est métamorphosée : nouveau look, nouvelle coupe de cheveux, nouvelle vie. Elle a déménagé en ville, s'est installée dans un magnifique appartement avec une terrasse qui domine la ville. Elle me raconte :

— Je fais un truc que je n'avais jamais fait de ma vie : je travaille. Je vends des gâteaux, des glaces, des chocolats. J'ai des contacts avec les gens. J'ai une vie sociale. Je n'ai plus honte d'aller seule dans un bar ou dans un restaurant. Le soir, je lis, surtout des livres de développement personnel, ou alors je regarde des séries. Je me redécouvre. Je suis moi.

— Super ! Et alors le site de rencontres, ça donne quoi ?

— Rien, que dalle, je n'ai rencontré que des catastrophes. Beaucoup d'hommes que je croise ont une idée derrière la tête : quand ils ne veulent pas du sexe facile, ils cherchent un toit. La plupart sont divorcés, leur femme a gardé la maison et ils aimeraient bien quitter leur studette. Je les vois venir, quand ils me disent : « C'est pas mal chez toi. » Je les sens prêts à débarquer avec leur valise.

L'idée de se faire abuser, d'être squattée, de se faire voler son temps lui est insupportable. Marie-Ange, traumatisée par l'abandon brutal de son mari, doit d'abord se reconstruire avant de pouvoir faire à nouveau confiance – à elle, en premier lieu, à un homme, ensuite. Il lui faudra du temps, mais je suis sûre qu'un jour, une fois remise, la colère digérée et le divorce acté, elle rencontrera quelqu'un. Elle ne le sait pas encore, mais ce sera le bon.

Au pays des psys et autres voyantes

Lorsque tout vacille, à quoi, à qui se raccrocher ? En plus du chat et des amis, il existe à disposition des intéressés toute une batterie de dérivatifs plus ou moins fiables, plus ou moins efficaces.

Comment trouver un psy en toute discrétion ?

Ce moment où je suis en recherche assidue d'un homme avec qui partager ma vie est le plus terrible de mon existence. Je suis en constant déséquilibre, tout est de ma faute, je suis nulle, je ne sers à rien, je dévisse. Je regarde les autres. Pourquoi suis-je en rade sur le bas-côté ? Mes amis coachs n'ont pas les mots, qui les aurait ?

Je passe alors par une interrogation qui traverse beaucoup d'entre nous un jour ou l'autre : et si j'allais voir « quelqu'un », comme on dit ? Quelqu'un qui m'aiderait à y voir clair. Après tout, il n'y a pas de honte à cela. Mais aller voir qui ? Je ne me vois pas demander à mon entourage : « Tu connais un bon psy ? » « Ah bon, pourquoi, ça ne va pas ? »

Non, pas de ça, Internet et moi allons trouver une solution discrète. Autour de mon domicile, il y en a plusieurs, et le psy le plus proche se trouve exactement à 267 mètres. À défaut de faire une sélection par école, style, ou genre, je vais me reposer sur la géolocalisation, un choix qui est à la logique ce que la tombola est à la raison mathématique.

— Comment m'avez-vous trouvée ? me demande alors le docteur X lors de notre premier rendez-vous.

— Dans les pages jaunes.

Ça commence mal, je la sens agacée qu'une recommandation n'ait pas fait le lien.

À raison de deux séances par semaine, le montant mensuel du poste psy, non déductible, aux résultats incertains, contribue à faire baisser mon niveau de vie de deux crans. Mais c'est pour la meilleure cause qui soit : mon état mental. N'est-ce pas ridicule de se délester d'une pareille somme pour pleurer devant une inconnue ? Mais n'est-il pas préférable d'ouvrir son vide-ordure personnel devant quelqu'un que l'on paye pour ça plutôt que de se répandre devant ses amis en les ennuyant ?

Ma psy sourit de mes facéties. Parfois, elle éclate de rire des situations cocasses que je mets beaucoup d'application à raconter avec le plus d'humour possible. Elle en redemande. À telle enseigne que parfois, je me demande laquelle des deux devrait payer l'autre. Une fois, je suis même parvenue à la faire rire et pleurer au cours de la même séance. La première partie de la séance avait consisté en un des exercices issus de sa catégorie d'obédience. Vous voyez, le genre que les spécialistes des Thérapies Comportementales et Cognitives proposent à leurs patients, comme répertorier ses qualités, demander à ses proches amis de le faire, raconter un moment agréable de la semaine, décrire ses émotions négatives, se complimenter à haute et intelligible voix… Ce jour-là, afin d'amidonner ma confiance en moi, ma psy voulait m'apprendre à dire NON par l'exemple.

La psy : — Allez-y, posez-moi une question, je vais vous montrer comment rester ferme.

Moi : — Alors voilà, vous êtes trop chère, je ne veux plus payer ce prix exorbitant non remboursé par la sécu, c'est n'importe quoi, je n'ai pas les moyens. Je vous demande une réduction au nom du trouble que me procurent vos honoraires qui sont si élevés qu'ils rendent ma séance inefficace.

La psy : — Non, ce n'est pas possible, c'est mon tarif habituel, pour tout le monde. J'ai des charges, le loyer, les impôts…

Moi : — QUOI ? Quels impôts ? Vous exigez un paiement en liquide, vous ne déclarez donc pas ce que vous gagnez. Quitte à gruger le fisc, je vous propose que nous partagions l'économie que vous faites sur le dos de l'État.

Elle rit, mais ne cède pas pour autant. (Tiens, je pourrais profiter du succès de ce livre pour lui servir un petit chantage. La garantie de ma discrétion sur ses oublis fiscaux contre une séance hebdomadaire à vie, gratuite. Mais je n'ose pas…)

La suite de la séance installe davantage de gravité. On passe à un second exercice, je démarre la lecture de mon portrait rédigé la veille à la va-vite sur un coin de table. Je devais m'y décrire, m'y dépeindre, bref, tenter de répondre à la question : qui suis-je ? J'y raconte mon enfance, le bégaiement de mon adolescence et les moqueries qui vont avec, les amours cruelles, la famille dysfonctionnelle, et puis la trop grande place accordée aux émotions, mon chemin de jeunesse, m'attardant longuement sur mon père qui est déjà au centre de tout ce que j'ai évoqué précédemment. Le texte se termine brutalement dans une écriture nerveuse et hachée qui trahit de la rage et des larmes, j'en ai cassé la mine du crayon. À la fin de ma lecture, je lève les yeux. Ma psy renifle, elle attrape le mouchoir en papier à portée de main et s'essuie les yeux. « Vous me faites pleurer, me dit-elle en s'excusant, la séance est terminée pour aujourd'hui. »

Ses larmes me déstabilisent quelques secondes, car je suppose qu'elle a dû entendre des confidences autrement plus terribles que les miennes. Je ne souhaite mon père à personne, mais, tout de même, ce n'est pas un tortionnaire, il ne m'a jamais violentée ou enfermée dans une cave. J'en conclus finalement que ma psy est une grande sensible. Il est vrai que, sous prétexte que les psys se posent en gardien du diagnostic, on a tendance à attendre de leur part, froidement, la clé de nos problèmes, la solution thérapeutique de nos émois. Nous plaçons en eux nos espérances les plus secrètes, nous en attendons un effet réparateur et rapide, ou, à défaut, une meilleure compréhension de nous-mêmes fera l'affaire. Voir ma thérapeute défaillir la rend plus humaine, mais son émotion s'invite dans mon intimité, et ça me fait bizarre. Peut-elle vraiment m'apporter ce que j'attends d'elle ? Car moi, tout ce qui m'intéresse, c'est de rencontrer l'homme de ma vie.

Comment quitter son psy ?

De l'emprise contrôlée qu'ils ont sur nos émotions à la manne financière qu'on représente, les psys ne veulent pas être quittés. Entre nous, qui le veut ? Alors qu'ils nous enseignent le « comment dire non », on se surprend un jour à leur faire savoir en crabe qu'on a rencontré quelqu'un et que, conséquemment, nous n'avons plus besoin d'eux. Parce que c'est quand même ça l'histoire. J'entends déjà : « Mais non ça n'a rien à voir », tu parles, ça a tout à voir !

Selon notre capacité à leur tenir tête, nous allons avancer timidement ou disparaître sauvagement. La seule technique efficace, valable aussi pour une relation amoureuse non satisfaisante, c'est de couper d'un coup, schlack, dans le vif, proprement : « Stop, je voudrais vous dire que je ne vais plus venir ! »

Parce que voyez-vous, quand on souhaite arrêter sa psychothérapie, la molle conviction est improductive. Il est difficile d'affronter le regard de celui qui a pris une forme de pouvoir le jour où il vous a tendu la boîte de Kleenex, et qui a su gérer avec habileté et autosatisfaction le classique transfert en vous tenant à distance, quand vous rêviez de coucher avec lui (si c'était lui) ou de devenir sa meilleure copine (si c'était elle).

Un jour pourtant, vous prenez votre élan et, tout de go, vous annoncez à votre psy : « J'arrête… [blanc]. Oui, j'ai décidé d'arrêter. » Non seulement le psy ne bouge pas, mais il vous oblige à répéter : « Oui, j'arrête… J'arrête, je me dis que je n'en ai plus besoin, que je me sens bien dans ma tête, que je peux me passer de nos séances. » Là, un silence d'une tonne s'écrase sur le divan. Vous craignez qu'il ne s'arque sur ses ergots à l'aide d'un : « Vous plaisantez j'espère ! » Pendant quelques secondes, vous cherchez de l'air en regrettant de ne pas avoir eu la position un peu tordue de recourir à des prétextes bidon relevant de votre emploi du temps ou de vos problèmes financiers, ou de ne pas avoir pensé à dire (un peu lâchement), « j'ai besoin de vous rappeler pour confirmer le rendez-vous », ce que, bien sûr, vous n'auriez jamais fait. Mais tenir la posture avec certitude et dire, l'œil dans l'œil, « c'est notre dernière séance » est un acte de bravoure qui force le respect. Préparez-vous à la réponse qui est toujours la leur : « D'accord, on en parle la semaine prochaine. » (vécu)

J'ai croisé dans un dîner un cinéaste que je ne nommerai pas et qui a avoué suivre une psychothérapie depuis vingt-cinq ans. « Les deux premières années ont été merveilleuses, j'ai passé ensuite vingt-trois ans à essayer d'arrêter. » Après cette révélation, il s'est endormi immédiatement, comme ça, pendant le dîner, assis, le menton sur le plexus, au milieu des convives qui continuaient leur conversation l'air de rien. Au bout de dix minutes, il s'est mis à ronfler. Je sais, ces deux informations n'ont rien à voir l'une avec l'autre, mais je ne peux m'empêcher de lier l'apaisement de cet homme à la béquille qu'a dû devenir son thérapeute.

En ce qui me concerne, le jour où j'ai retrouvé mes esprits, mon autonomie et un certain équilibre, j'ai annoncé à la fin d'une séance que j'arrêtais. Prise de court, ma psy, interloquée, s'est insurgée : « Mais non ! Vous ne pouvez pas arrêter comme ça, du jour au lendemain. Ce rendez-vous avec vous, ce n'est pas rien tout de même. » Cent euros, deux fois par semaine, la séance de quarante minutes, en effet, ce n'est pas rien. Et surtout, j'avais réalisé que j'étais devenue obsédée par l'idée de lui donner du bonheur, je faisais tout pour l'intéresser, la distraire, ou la faire rire. À chaque fois, je quittais son cabinet épuisée par ma propre logorrhée. Alors, bien sûr, quand elle m'a annoncé que trois séances par semaine seraient désormais nécessaires à la gestion de mes névroses, j'ai songé à en profiter pour faire des économies d'énergie. J'y suis parvenue avec la plus grande difficulté. Je lui dois cependant deux ou trois petites phrases inspirantes qui m'ont vraiment aidée et m'accompagnent toujours.

Faut-il aller voir des voyantes ?

En septembre, alors qu'elle venait d'avoir trente-huit ans, et que le temps de la chasse et du célibat devenait un peu long, ma nièce Caroline était allée voir une voyante qui lui avait dit qu'elle allait rencontrer l'homme de sa vie avant la fin de l'année, qu'elle se marierait très vite et qu'elle aurait des enfants. Rien que ça. Elle s'était empressée de raconter cet augure céleste à son groupe de copines, des banquières célibataires nullipares du Trocadéro, à qui on ne la fait pas. Certaines avaient levé les yeux au ciel, les autres s'étaient contentées de se dire que la voyante y était allée un peu fort en ne lésinant sur aucun des clichés attendus.

Bien sûr, lorsqu'elle a annoncé son mariage quinze jours après son coup de foudre avec un jeune et beau centralien qui venait de vendre sa boîte, le standard de la voyante explosa et son agenda se remplit en quelques heures. Les copines du Troca défilèrent dans son boudoir avec leur lot de questions qui n'avaient rien à voir avec les prospectives de produits structurés. Pensant que la voyante avait le pouvoir d'aligner les planètes, toutes voulaient savoir quand le prochain prince charmant libre, riche et beau, croiserait enfin leur route.

Depuis, il y a un nom et un téléphone qui se refilent sous le manteau. Et devinez qui s'est débrouillé pour l'avoir ?

Arrivée au domicile de la voyante, à Boulogne, du velours rouge comme dans les films, des défenses d'éléphants sculptées, des masques africains, tout pourrait flanquer la trouille si la dame, une sexagénaire un peu baba, ne vous tapait pas la bise dès votre arrivée. Et histoire de vous décontracter, elle enchaîne par : « Tu veux boire quelque chose ? » Elle me raconte qu'un jour une banquière climatisée un peu coincée a manifesté un mouvement de recul à l'accolade et lui a dit : « Mais on ne se connaît pas, vous ne pouvez pas me tutoyer et m'embrasser comme ça. » Je me marre car c'est une réflexion que j'aurais pu faire si je n'étais pas aussi timide – à l'écrit, j'ai toutes les audaces, mais à l'oral, je la ramène moins. La voyante me raconte lui avoir montré la porte en lui assénant un « Dégage » suffisamment brutal pour qu'il n'appelle aucune négociation. C'est donc avec un sourire binaire crispé/décrispé que j'étale les cartes sur la table comme elle me le demande.

Pour commencer, elle voit dans mon jeu une femme, près de moi, qui me veut du mal. Une blonde nocive, me précise-t-elle : « Ouh là là, une vraie méchante. Elle habite un rez-de-chaussée. C'est la concierge ? » Elle balance une carte sur le jeu et s'écrie avec force : « On l'enc**le ! »

Je ne bouge plus, je ne dis rien, je demeure pétrifiée. Je crois avoir identifié la blonde du rez-de-chaussée, une courtisane se faisant passer pour une femme d'affaires, et plutôt habile dans l'art de lever des fonds à des fins personnelles. De nombreux pigeons s'y sont cassé le bec, l'un d'entre eux m'a prévenue juste avant que je ne démarre un projet professionnel avec elle. Elle poursuit :

— Vas-y recouvre-moi ces quatre cartes. Mais c'est très bien tout ça, tu voyages, tu écris et tu vas être publiée !

À l'époque, je n'ai pas encore le projet d'écrire un livre et n'ai pas été approchée par un éditeur. J'aurais dû bondir de joie. QUOI ? Je vais écrire un livre et être publiée ? Mais quand ? Et sur quoi ? Au lieu de ça je m'empresse de lui demander :

— Et est-ce que je vais rencontrer quelqu'un ?

— Mets-m'en une là, là et là. Mmmh, je ne te vois pas seule, non, tu n'es pas seule. Il n'est pas loin, il y a beaucoup d'amour entre vous, beaucoup de douceur, vous vivez ensemble.

— Quand ?

— Ah, écoute, tu vas pas commencer, ce n'est pas une science exacte !

Elle passe de mon avenir à son passé, et me raconte les grandes lignes de sa vie, étire les digressions, se perd en anecdotes, revient à mes amours, se souvient des siennes, diverge sur son ex-amant célèbre (moi : « Ce n'est pas vrai, LUI ?… Ah, respect ! »). Mais je ne l'écoute plus, je ne tiens pas à en savoir davantage, elle m'a dit ce que je voulais entendre.

À la fin, je me lève :

— Et je te dois combien ?

— Ce que tu veux.

Je pense à ma nièce qui n'a pas dû donner suffisamment alors qu'elle lui a prédit un mariage et du bonheur, alors je compense et me lâche… Si elle m'avait demandé le montant que je lui ai donné, j'aurais trouvé ça hyper cher, mais au regard de cette bonne nouvelle, j'ai l'impression de faire une super affaire.

Alors, faut-il aller voir des voyantes ? Je ne sais pas, mais faut-il aller voir celle-là : oui sans hésiter. Cette séance me fait l'effet d'un massage au Ritz sous Prozac. Je sors de chez elle tellement heureuse qu'une fois dans la rue, je saute en l'air et je poursuis en dansant. Puis je m'arrête, perplexe. O.K., je vais rencontrer quelqu'un. Mais quand ? Et où ? Et comment vais-je le trouver ?

Comment trouver un mec à cinquante ans (de cinquante ans) ?

Sur un site de rencontre

Ô génie de la lampe, faites qu'un bug informatique mondial efface mon historique en la matière.

Rien à l'horizon, les quelques hommes que vous croisez sont trop ceci ou pas assez cela. Mais où se cachent les autres ? Vous vous êtes pourtant aventurée au-delà des cercles concentriques connus, mais rien.

Alors dans une totale discrétion, vous y êtes allée.

Pourtant à celles qui vous l'avaient suggéré, vous aviez dit haut et fort : « Ah jamais, non, ce truc-là, ce n'est pas pour moi », et jusqu'à l'année précédente, il n'en aurait même pas été question. À l'époque, vous aviez même porté un jugement presque moqueur sur celles qui avaient fait la démarche. Vous trouviez que rencontrer son amoureux sur Internet manquait singulièrement de romantisme, d'imprévu, ou de magie.

Et puis finalement, dans la pénombre de l'écran qui permet toutes les audaces, et sur l'insistance d'une amie lasse d'écouter vos aventures foireuses et de devoir composer des dîners à chiffres impairs, vous vous êtes enfin résolue à vous inscrire sur ce site soi-disant exclusif dédié aux célibataires exigeants. « Tu me racontes, promis », a insisté l'amie. Tant il plaît aux personnes confortablement installées de vivre l'exaltation par procuration. « Promis », lui avez-vous répondu, avec la certitude de lui en dire le moins possible.

Vous n'avez avoué qu'à demi-mot votre peur de croiser en ces lieux des gens de votre entourage, comme le célibataire de service par exemple, ou votre voisin de palier, les deux piochant dans ce vivier digital la plupart de leurs proies. Mais cette peur n'est rien face à la gêne d'y croiser le petit ami d'une de vos amies. Ne pas savoir est plus confortable, histoire de ne pas avoir à répondre à l'amie amoureuse qui se demande si sa souffrance est légitime.

Après avoir sélectionné des critères relatifs à l'âge, à la taille, et aux années d'études, un candidat est apparu à l'écran. Tout comme vous, il s'est appliqué à formuler de jolies phrases afin de donner à son profil une image des plus flatteuses. Pour être bien sûr d'apparaître dans la nasse du moteur de recherche, vous avez tous les deux un tout petit peu triché, lui sur sa taille, vous sur votre âge, en vous disant que si l'histoire allait plus loin vous balaieriez d'un clic cette post-vérité. Vous avez étudié à la loupe son QC (Quotient Culturel), à l'aune de ses favoris : films, livres, artistes. Vous vous êtes réjouie d'un niveau d'études identique, d'une passion pour la randonnée et de divers intérêts périphériques dont vous vous êtes dit que ce serait l'objet d'une parfaite entrée en matière.

L'expérience montre que pour passer à l'oral, il faut travailler son écrit, choisir de bons éléments de langage, comme le disent les politiques, et repérer les dingues, comme je vous le dis. Les crushs, les like, les cœurs, sont autant de caresses qui font du bien. Ne pas oublier de s'en méfier.

La jeune femme de cinquante ans, quand elle est célibataire, vit un sexe aléatoire, disruptif, toujours sur la brèche. Être ou ne pas être en phase, telle est la question. Et il est impossible de savoir si le match sera gagnant ou nul, avant d'avoir joué au moins une partie. Le partenaire s'appliquera à produire dès la première fois un acte léché au mieux de ses capacités, mais bonne ou pas bonne, la première impression est fondatrice.

Inconvénient des contacts digitaux (entendre virtuels), la compatibilité sexuelle ne peut se décrire sur le profil d'un site de rencontre, elle se découvre à la faveur d'un coup pour rien qui verra ou pas le candidat revenir en deuxième semaine pour le repêchage. Cette chorégraphie des corps qu'il est l'usage de pratiquer lorsqu'on a une attirance physique pour une personne, n'est jamais spontanée dans le cadre d'une sélection sur la base de critères visuels ou rédactionnels. Il ne sera pas évident d'enclencher le désir à la seule lecture d'un profil, il faudra du courage, de la pratique, et des précautions. Que des choses qui freinent les ardeurs. Il conviendra aussi de se concentrer, pour plus d'efficacité, sans se laisser distraire par les détails liés à la découverte de l'autre : sa peau, sa respiration, ses bruits. Composer avec ses mesures, et se décomposer à ses démesures. Être dedans quoi.

Je n'ai jamais eu d'histoire avec un homme rencontré sur un site, mais je ne compte plus les « verres » pris avec des soi-disant possibles. Ces hommes nourrissaient en général un but précis à exécution rapide, et comme je suis une personne lente, nous n'avons jamais pu faire affaire.

Le site de rencontre, avec ce foisonnement de gens un peu paumés en recherche d'une bonne surprise, est un endroit plein de solitude, de désarroi, de déception et de fourberie. On s'y promène en poisson pilote, un verre à la main comme dans un cocktail, on dit bonjour, bonsoir, et lorsqu'on s'attarde sur un individu, on ne peut s'empêcher de penser qu'on pourrait trouver mieux encore, si on se donnait un peu plus de mal, si on se donnait la peine d'y passer encore un peu plus de temps. Et dans le même temps, c'est exactement ce que l'autre se dit. La balade au sein du site joue sur l'insatisfaction, la récompense, la punition, et l'addiction, un peu comme au casino. On y banalise le râteau aussi. On s'abîme et on s'habitue. On laisse s'exprimer nos penchants les moins respectables. En somme, ce n'est pas pour tout le monde.

La jeune femme de cinquante ans, célibataire, lâchée dans ce bayou de prédateurs, aura du mal au début avec ces codes de l'amour 3.0 qui produisent des sentiments en kit : fugaces, intenses, et solubles. Elle n'a pas été préparée à affronter ce nouveau marché mais va vite apprendre. Si elle l'utilise intelligemment elle pourra y trouver du plaisir et peut-être quelqu'un de bien.

P.S. : À l'attention de certaines de mes copines qui se reconnaîtront, ne me faites pas croire que vous l'avez rencontré dans un dîner en ville

« chezdesgenstuconnaispas », un vernissage ou sur une aire d'autoroute.

Pas à moi.

Ne vous en faites pas, je ne révélerai rien, promis, et ferai semblant de vous croire.

Les trentenaires assument de rencontrer leur âme sœur sur Internet, ça les amuse même de le faire préciser dans le discours du maire qui les unit. Mais nous, les quinquas, nourries d'éducation classique et de romans d'amour, sommes un peu gênées par le succès, la rapidité et l'efficacité de la pratique. La lenteur a son charme.

Et, au moment où l'on renonce...

Puisque je n'ai pas d'homme dans ma vie et qu'autour de moi il n'y a rien ni personne, que le seul homme qui me plaît ne veut pas de moi, eh bien tant pis, je renonce, je décide solennellement que je n'en aurai pas. Je ne vais pas me « vendre au rabais » tout ça pour être avec quelqu'un. Alors, bien sûr, il y a la prédiction de la voyante qui me laisse un peu d'espoir, mais franchement, au bout de plusieurs mois de voyages, de solitude et d'abstinence, je me dis que tout ça, c'est n'importe quoi. Je m'interroge : ne suis-je pas trop âgée pour rencontrer quelqu'un ? Est-ce qu'un jour je referai l'amour ? Et si oui, serai-je capable d'y retrouver du plaisir ? En tout cas, j'accepte l'idée de ce renoncement. J'accueille ma solitude sentimentale, lui accorde un CDI et décide de faire avec.

Ou plutôt sans. D'ailleurs, j'observe aujourd'hui la tendance selon laquelle de nombreuses femmes célibataires, et il y en a de plus en plus, assument joyeusement le fait d'être seules, de ne pas avoir de compagnon, de vivre pleinement une liberté décomplexée, mieux, de ne pas chercher qui que ce soit. Elles aiment vraiment leur solitude, leur autonomie ou leur papillonnage sentimental et sexuel. Ces femmes-là n'imaginent pas une seule seconde changer leur mode de vie. Elles ne sont pas dans l'attente d'un homme pour nourrir un objectif de vie à deux, elles se suffisent à elles-mêmes. Elles n'envisagent de partager ni leur existence, ni leur loyer. Alors quand j'affirme que tout le monde cherche l'amour, oui peut-être, mais est-ce que tout le monde cherche un homme ? Certainement pas.

Quoi qu'il en soit, c'est décidé, je serai donc comme ces femmes… dans la tendance.

Et bien sûr, c'est au moment où je renonce que les étoiles vont s'aligner, deux par deux, dans mon ciel.

Elles sont là.

Je les vois.

Durant ces années, l'homme catastrophe et moi, nous nous voyons, mais pas beaucoup, car même de loin, la belle veille au grain. Nous gardons toujours cette belle complicité et, au bout de quatre ans, nous pouvons dire que nous sommes devenus amis. J'ai toujours fait comme si je n'avais pas été affectée par mon épouvantable « soirée tartes », et nous n'en avons jamais parlé. Puis, par hasard, par quelqu'un d'autre que lui, j'apprends que son histoire avec la fille du Sud prend l'eau. Je ne connais pas les détails, mais un de mes amis me dit à ce moment-là : « Mais, vas-y ! » « Ah non, certainement pas. » Je n'ai pas envie d'être la *rebound girl*, entre Miss PACA et une autre trentenaire. Lui demeure discret sur ses difficultés sentimentales, mais je constate qu'il se montre plus disponible à mon égard.

Je fais semblant de ne rien voir.

Je ne suis pas intéressée.

Aussi quand, à la fin d'un dîner, il cherche à m'embrasser, je tourne la tête, et lui dis sans trembler : « Non, ne gâchons pas tout, restons amis veux-tu ? »

Une semaine plus tard, nous nous revoyons, et il m'annonce clairement qu'il veut être avec moi, qu'il en est sûr. Drapée dans ma fierté de papier, je refuse encore. Non, c'est non, non mais ! Alors il gratte une allumette, l'approche très près de moi et m'embrase. Je craque, je me transforme en bougie, en matière liquide, je brûle, je fonds, je coule. Une peur immense doublée d'un noir désir pénètre en moi. Si je m'abandonne, cet homme va me dévaster. Les Airbags de mon cœur explosent ma poitrine, les alarmes de sécurité mises en place par quinze années de célibat hurlent.

NON, NON, NON.

« D'accord », finis-je par répondre, mais je le regrette aussitôt car c'est la veille de mon départ pour les États-Unis, et je prévois d'y rester un mois. Il m'y retrouvera une semaine plus tard. Notre histoire démarre exactement à ce moment précis où nous nous retrouvons sur cette avenue de l'East Village.

« Mais pourquoi tu ne t'es pas manifesté plus tôt ? J'avais quatre ans de moins ! » Il a répondu quelque chose comme « pas vu, pas prêt » et pendant longtemps, j'ai fait avec. Ce n'est que par la suite, en entrant dans son logiciel complexe, qu'avec le temps, j'ai compris. Mais c'est là un autre sujet.

Je me souviens avoir dit à ma copine Christine que j'avais rencontré un homme dont j'étais très amoureuse et que l'affaire était réciproque. Nous dînions au Colonial, un restaurant sur la 57e rue à New York. Elle a interpellé le serveur pour commander du champagne, puis elle s'est levée et, comme on porte un toast pour annoncer une bonne nouvelle, a lancé : « À la fin de la chasse ! »

*

Fallait-il que les planètes en duo soient au garde-à-vous, et super bien alignées pour qu'elles mettent sur ma route l'incarnation parfaite de tout ce que j'aime, à ce moment de ma vie où, dit-on, l'âme sœur se rencontre avec plus de difficulté ?

Après quinze ans de vie solo, composée d'expériences foireuses et de solitude acceptée, j'accueillis dans mon cœur, avec un bonheur infini, la douce hache de celui qui venait de fracturer une carapace pourtant toute neuve.

Je l'avais enfin trouvé !

Le grand, le chauve, le merveilleux, le Doux !

Celui de la voyante.

Je ne suis plus seule, je suis deux à présent ! Eh oui ! Il va falloir apprendre à passer du « je » au « nous ». Non, NOUS ne pouvons pas venir dimanche, NOUS allons à la campagne. NOUS partons à Cadaqués cet été.

Il faudra apprendre à intégrer dans le vocabulaire quotidien de nouveaux mots : mon amour, mon cœur. De nouveaux réflexes : « ça te dit si… ? » Mais oui ça me dit, TOUT me dit. Je suis en lévitation, j'ai un sourire figé intérieur et permanent. On doit me trouver bizarre.

La jeune femme de cinquante ans en couple

> « Plus je vieillis et plus je trouve qu'on ne peut vivre qu'avec des êtres qui vous libèrent, qui vous aiment d'une affection aussi légère à porter que forte à éprouver. La vie est trop dure, trop amère pour qu'on subisse encore de nouvelles servitudes venues de qui on aime. »
>
> Lettre d'Albert Camus à René Char

Quand vient l'amour…

Le débarquement inopiné de l'amour désoriente, déséquilibre, foudroie. Le précipice avec dévastation possible se trouve des deux côtés du fil sur lequel nous avançons toujours, inexorablement. Le balancier entre nos mains tend à se stabiliser. Mais à peine.

On sait d'avance que ce ne sera pas simple, on n'est pas dupe, on connaît trop la chanson, tu parles, mais on est tellement heureuse de pouvoir enfin refaire une tentative, de se laisser aller à des sentiments dont on avait fini par penser qu'ils étaient l'apanage de la jeunesse.

Faire durer le plus longtemps possible l'état amoureux en le maintenant nécessite un minimum de stratégie ou de maturité. C'est la gestion de l'après qui mérite notre attention. Souvenez-vous du temps où nos cœurs d'artichaut n'en faisaient qu'à leur tête, et avec quelle force nos émotions décidaient de tout. Nous avions l'esprit ailleurs au bureau comme à la ville, nous en oubliions nos pauvres enfants, et nous dépensions deux fois notre salaire en lingerie, ou en n'importe quoi. L'amour devenait impérieux, étendait son territoire jusqu'aux confins du quotidien et plantait un drapeau conquérant sur notre mont de Vénus.

Cet amour-là tout neuf me plaît, pas question de le regarder se déliter, je veux le garder, le regarder, le préserver, lui faire profiter de ce que la vie m'a appris.

Ne jamais faire envie

Si d'aventure vous avez déjà rencontré cet homme idéal qui vous aime et partage votre vie, *please*, bouclez-la. Rien de plus insupportable que les gens heureux et contents de le faire savoir. Le bonheur relève de l'intime, de l'infiniment subtile ; à chaque instant il peut se dissoudre, bousculé par la routine, l'indifférence ou un mauvais jeu de mots.

Au début, vous avez envie de hurler haut et fort à quel point vous êtes heureuse, tant de moyens nous en donnent la possibilité. Mais si par la suite, l'exaltation amoureuse patine et la lassitude l'emporte, avez-vous toujours l'envie de le faire savoir avec la même ardeur ? Aimer d'amour fou les trois premières années c'est facile, au-delà c'est une volonté, une prouesse, un plan à deux. Donc, heureuses, heureux, taisez-vous dès le premier jour.

Et si vous croisez quelqu'un qui vous a connue sur l'autoroute de votre célibat, en plein milieu d'une saison « râteau », et qu'il ou elle vous demande si ça va, répondez par un « ouais » légèrement blasé. Ravalez les qualificatifs de votre bonne fortune. Et si c'est une femme seule depuis longtemps, soyez sympa, ajoutez un « bof » ou un « pas facile ».

Revivre à deux à cinquante ans

Revivre à deux à cinquante ans n'est pas chose aisée, surtout quand on sort de quinze ans de célibat chronique. Nous avons chacun notre lot de choses non négociables. Là où nous n'étions que souplesse il y a vingt ans, nous voilà devenus raides dans les coins. Sans parler de la situation financière ou du nombre d'enfants à charge, qui sont rarement symétriques au moment où l'idée de vivre ensemble nous effleure. Jusqu'où allons-nous pouvoir concéder ? Pas de problème pour accepter ce que nous savons déjà, mais comment allons-nous réagir à ce que nous allons découvrir ?

« Qui s'installe ensemble à nos âges ? », ai-je entendu. « Personne », ai-je constaté. Bien sûr, on connaît tous des couples qui se sont mis en place autour de la quarantaine. Mais après cinquante ans, cherchez bien…

C'est un truc de jeunes que de décider de partager le même appartement, la même machine de blanc, le même verre à dents. Les habitudes ne se laissent pas bousculer comme ça. La décision de « vivre ensemble sur le tard » relève de ce mélange combinatoire subtil fait d'amour, de bon sens économique et de compatibilité spatio-temporelle. Les deux premiers points sont connus au moment de la décision mais potentiellement mouvants, pour le troisième, seul l'essai nous fera découvrir l'attitude de chacun au contact de l'autre. Une programmation millimétrée de rites multiples va se mettre progressivement en place.

Avec le Doux nous nous connaissions déjà bien, puisque nous étions devenus amis. Passés en mode « amour », les choses n'ont plus jamais traîné en longueur. C'est bon, ça avait assez duré… Nous avons emménagé ensemble dans le premier appartement visité et fusionné avec bonheur nos bibliothèques respectives en nous réjouissant des doublons. Dans sa valise, il y avait un passé, des enfants d'âges divers, et deux ou trois manies avec lesquelles il a fallu composer : l'actualité en perfusion, la musique en respiration, un demi-queue dans le salon, et du linge qui sèche toujours quelque part dans l'appartement (le Doux est contre le sèche-linge électrique).

J'adore la présence envahissante et majestueuse de son demi-queue, j'ai un peu plus de mal avec le portant dans l'entrée de la taille d'une demi Twingo sur lequel sèchent chemises et chaussettes. L'esthétique de mon habitacle supplante mes valeurs écologiques, l'argument « économie d'énergie » ne me paraît pas recevable dans un registre haussmannien. Mais c'est comme ça, et tant que nous nous aimons, je m'abstiendrai de lui en faire le reproche.

Il a fallu aussi expliquer à Pouppy que désormais, quelqu'un d'autre ayant pris le relais, j'avais moins besoin de son amour. Je me suis souvenue alors que mes vieux parents, toujours en demande, prompts aux reproches faciles et en déficit d'affection, avaient l'habitude de brandir comme une posture inflexible leur soi-disant détestation des chats. Comme ce sont des personnes faites de contradictions et qui ont toujours dit le contraire de ce qu'ils pensaient, je leur ai proposé de leur offrir Pouppy. Ils ont refusé avec une véhémence que j'ai interprétée comme une acceptation, mieux, une supplique. Je dus me rendre à l'évidence : je reproduisais la stratégie de ma fille. Les chiens ne font pas des chats. Depuis, Pouppy coule des jours heureux dans le sud de la France où il reçoit de la part de mon vieux père quelques reproches faciles et beaucoup d'attention.

Le quotidien : qui fait quoi sous le même toit ?

J'ai pu constater que le partage des tâches s'inscrit dans un contrat tacite décidé dès les premières semaines. Si vous faites une même chose plusieurs fois de suite, voilà qu'elle vous appartient. Vous avez l'habitude de faire le lit ? Vous êtes de fait responsable du lit. Il lave les poêles ? C'est comme ça, il le fera donc toujours. Ce tempo, donné dès les prémisses, s'inscrit dans le marbre de la relation.

Il est fascinant d'observer comment la gentillesse prodiguée par l'élan amoureux (ou l'acte anodin dicté par une simple occurrence), par deux fois réitérée, devient une habitude qui elle-même s'érige en fonction, laquelle crée l'organe. Vous devenez alors l'organe qui descend la poubelle, prépare la vinaigrette ou lave la casserole de l'après-spaghettis. C'est un désavantage acquis pour qui ne veut rien faire, mais, avec un peu de chance, vous saurez répartir sans avoir à formuler la demande.

La trentenaire active se fera happer par la fameuse « charge mentale ». La jeune femme de cinquante ans, qui n'est pas une débutante, connaît les ficelles, et devrait anticiper, réfléchir à une répartition équilibrée, et opérer sans négociation préalable. Dans le doute, l'échange ouvert sur le sujet peut s'envisager, mais de façon informelle. En délicatesse.

Je me souviens ne pas avoir éprouvé beaucoup de bienveillance dans le temps à l'égard de l'intimité masculine et me suis toujours sentie désarmée face à un homme qui ne tenait pas ses distances dans une salle de bains. Moi qui me cache pour me brosser les dents et qui me vante de n'être qu'un pur esprit face aux régulations de l'organisme, je me surprends à être autre quand mon cœur est plein d'amour. Et ne suis pas loin de trouver touchant aujourd'hui ce qui m'était insupportable hier : bruits nasaux, tuyauterie en délicatesse, redites… Je demeure en tout cas indifférente à tout un tas de choses que je fais semblant de ne pas remarquer. Au mieux, la délicatesse du comportement amoureux fera dire à l'un des deux « ça sent bizarre » pour éviter l'accusation directe d'un vent échappé à la vigilance musculaire d'un sphincter oublieux.

Le Doux, lui, aide à cette indulgence extrême. C'est un homme facile (à vivre, j'entends) et qui a globalement de bonnes manières, même s'il passe des heures à lire dans un endroit qui originellement n'est pas fait pour ça – comme beaucoup d'hommes et comme très peu de femmes. Allez comprendre pourquoi les côlons masculins ont besoin de littérature quand le pur esprit féminin aura plutôt la nécessité d'un suppositoire à la glycérine. Je ne peux m'empêcher de songer à tous ces livres que j'aurais pu lire si j'avais pris mon temps, et si j'avais utilisé cette activité en duo simultané avec une autre.

Célébrer l'amour, toujours

La récurrence de ce « marronnier » qu'est la Saint-Valentin, et que nous rappellent tous les ans le monde de la presse et celui de la pub, me laisse perplexe. On m'explique qu'il serait bon que je reçoive un bouquet de fleurs ou un gâteau en forme de cœur le 14 février. Il me semble que cette attention au coup de sifflet n'est pas nécessaire à ceux qui se disent qu'ils s'aiment et se le prouvent tous les jours.

Parce que si la réciprocité des sentiments est une chose qui semble acquise de part et d'autre, nul besoin en ce jour J de la Saint-Valentin, de pâquerettes, d'un genou à terre et d'une bague Bulgari dans une boîte en velours. Un cœur dans la purée dessiné d'un doigt agile que vous lècherez ensuite dans un regard allusif fera le boulot. Et préservera les économies respectives qui n'aspiraient pas particulièrement à être à nouveau bouleversées moins de deux mois après les fêtes de fin d'année. Pour peu que votre anniversaire, ou celui de votre nouvel amoureux, se situe à quelques encablures de Noël, ça va commencer à faire beaucoup. Donc oui aux attentions, non aux obligations.

Par ailleurs, si vous êtes célibataire, le marketing de la Saint-Valentin est là pour vous rappeler en fanfare que vous êtes encore et toujours seule. De cette célébration émerge une cruauté sociale des plus culpabilisantes : « Ah bon, vous n'avez pas d'amoureux ? Oh pardon ! » Rien ne vous empêche d'ailleurs de vous envoyer à vous-même un bouquet de roses rouges avec un mot qui exprime l'ampleur des sentiments que vous vous vouez sur l'air de « on n'est jamais si bien servi que par soi-même ».

Si vous êtes en couple, vous ferez à la maison un repas normal, accompagné d'un Saint-Amour par exemple, et d'une longue rose rouge déposée dans un soliflore, histoire de marquer le coup. Et puis, sait-on jamais ce qu'on peut trouver planqué dans la purée… avec un peu de chance, peut-être une bague Bulgari.

Le Doux, que j'ai senti soulagé le jour où je lui ai dit que je n'étais pas « très bijoux », sourit jaune à la lecture de cet extrait. Mon Amour, je plaisante… J'adore la purée.

LA JALOUSIE

Comment lutter contre la jalousie ?

Un tiers des hommes sont infidèles.

Le second tiers est composé de ceux qui font des efforts pour ne pas l'être.

Le dernier tiers représente ceux qui aimeraient bien l'être.

Il n'y a confiance que s'il existe une possible trahison. La jalousie, c'est inévitable, la jalousie va avec l'amour. Quand je dis au Doux, « je ne suis pas jalouse », la vérité c'est que JE MENS. Alors, comment lutter contre cette pulsion de destruction que fait naître la jalousie ? Ce n'est pas facile, mais à la réflexion, la seule façon de rendre ce sentiment positif, c'est de faire en sorte de le transformer, qu'il « profite » et « nous profite ».

Ah bon, et comment me direz-vous ?

De la façon la plus horizontale possible.

La jalousie provoque dans un même élan le croisement de cercles concentriques vicieux et vertueux. La jalousie rend dingue, au point de relancer son activité sexuelle avec l'énergie des premiers temps. Alors pourquoi se priver de l'avantage que procure le fait de se sentir en compétition ? Laissez vos petites cellules corporelles s'agiter. Il y a de grandes chances qu'elles s'agitent aussi de l'autre côté. La jalousie est la meilleure amie de la libido car, allez savoir pourquoi, le désir de ce qui est désiré est un axiome. C'est comme ça, ce n'est pas rationnel, le désir n'est pas rationnel, la jalousie encore moins. Le libre-arbitre se met en veilleuse, le jugement intime se neutralise, les pensées fonctionnent en mode anarchique et le sens commun se perd dans les méandres des fantasmes.

Être jalouse, ce n'est pas seulement être dans la perte du contrôle possessif un peu fou de l'autre, ou être lestée d'un ego revendicatif, encombrant et dilaté, c'est aussi se sentir plus que jamais vivante, c'est faire attention à tout, à l'autre, aux autres, à soi. Être jalouse, c'est mieux que Weight Watchers, c'est ne plus avoir envie de sucré, ni de salé, c'est oublier de dîner. Être jalouse, c'est mincir, mais c'est aussi maigrir trop vite, ce qui à cinquante ans est interdit (attention, c'est maigrir trop vite qui est interdit, pas mincir très lentement).

On ne peut vivre à deux que dans la trinité d'une grande confiance partagée : confiance en Lui, confiance en Vous, et confiance dans le Couple. Sinon, c'est l'enfer garanti au quotidien, ce qui est épuisant.

Alors bien sûr, si vous trouvez une petite culotte dans le lit ou un bracelet gravé d'un prénom qui n'est pas le vôtre, vous êtes en droit de vous poser des questions. Les maîtresses qui passent dans les maisons s'arrangent pour laisser des tas de signes visant à créer le chaos – trousse de maquillage, test d'ovulation, préservatifs – et envoient des SMS ravageurs qui s'achèvent par des emojis en cœur, plus visibles de loin que le simple texte.

La relation conjugale passe un stade nouveau, irréversible, le jour où l'un regarde les textos ou les mails de l'autre. Rien ne sera jamais plus comme avant. Le regard en oblique, la souris qui clique sur la messagerie de l'autre signe le début d'une crispation, elle-même annonçant le compte à rebours. Pas forcément la fin effective de la relation, mais la fin quand même.

Même si c'est tentant, ne jamais croquer la pomme, ne jamais ouvrir la boîte de Pandore.

Sachez qu'une fois l'infidélité avérée, la maîtresse compte sur le chagrin, la colère et la capacité de « l'officielle » à faire bouger les choses. Dites-vous en tout cas que si être une femme trompée n'est pas drôle, être maîtresse l'est encore moins, c'est la torture assurée sur la distance.

Ce qui renvoie à un dilemme : Mieux vaut être trompée mais pas seule ou seule et pas trompée ? Vous préféreriez mourir de la peste ou du choléra ?

Alors, que faire ? Faut-il le quitter parce qu'il est infidèle ?

Et partir si on n'aime plus, si on en a le courage, et les moyens ?

On n'a qu'une vie, ce qui est une bonne raison d'en vivre plusieurs.

Mais l'une après l'autre.

Cas d'école

Vous êtes une jeune femme de cinquante ans mariée depuis le siècle dernier et, sur le papier, tout va bien.

Pourtant, ces derniers temps, deux ou trois détails, en apparence anodins, ont déclenché quelques suspicions. Votre mari affiche depuis peu un agenda ministériel farci de réunions diverses qui se prolongent en dîners d'affaire très importants, il a même dû partir en Chine au pied levé pour le travail, c'est dire. La courbe du doute suit celle des statistiques et s'envole brutalement quand se multiplient de trop nombreuses absences. Et quand il rentre de Chine épuisé, lesté d'un agacement qu'il met sur le dos du jet-lag, de l'excès de travail et des turpitudes de la vie, c'est ceinture pendant quelques temps. Ou alors c'est rapide et bâclé.

Un jour, alors que votre œil traîne comme par hasard du côté de l'écran de son téléphone, vous interceptez un texto qui surgit et affiche quelques mots qui apparemment ne vous sont pas destinés : « Oh, comme tu me manques » semble lui dire Bernard.

Après un temps d'arrêt sur image, où votre cerveau en mode reptilien refuse d'approfondir la question, vous luttez contre vous-même pour ne pas dérouler l'historique et vous rendre à l'évidence que la Chine est blonde et qu'elle a trente ans.

Gardez votre calme, s'il vous plaît (facile à dire), respirez, puis appelez votre bonne copine – la plus experte en coaching conjugal. Écoutez-la attentivement vous dire : « Ma chérie, sauf si tu veux te débarrasser de ton mari infidèle, ce qui serait une mauvaise idée, surtout sous l'emprise de la colère ("surtout à ton âge" est le truc qu'elle ne va pas oser dire tout de suite), ma reco est dans un premier temps de ne rien dire, de ne rien faire. » Et même s'il est plus difficile de dire qu'on ne sait pas plutôt que de ne pas dire que l'on sait, ne lâchez rien sans stratégie, sans réflexion préalable.

Observez l'époux se débattre avec sa culpabilité et ses rendez-vous qui vont devenir foireux au fil du temps. Vous, soyez gentille, patiente, et même s'il vous accuse de la rage, ce que tout homme infidèle fait naturellement, essayez de ne rien changer à votre attitude. Exercez votre sourire à contracter les commissures vers le haut, vous vous occuperez de votre douleur (et de votre divorce éventuel) plus tard. Là, vous avez tout votre temps. En face, la Chine s'impatientera et commencera sa longue marche de faux pas parsemée de reproches qui, comme on le sait, augurent le début de la fin.

En attendant que les choses se calment, prenez un amant sans conséquence. Il y en a plein qui ne demandent que ça, vous les trouverez sur Gleeden, Meetic, Attractive World, sur « Disons Demain », le dernier-né de la série, ou dans de vieux agendas. Multipliez les activités plaisantes, réactivez d'anciens réseaux, activez de nouveaux, offrez-vous des cours de *body sculpt*, de barre au sol, allez faire les expos du moment, courez ! Organisez des dîners de copines (sans préciser « copines ») et attendez.

Tu paries qu'il revient ?

Il y a l'option aussi de l'hystérie et de la rage qui peuvent être efficaces si votre mari s'est beaucoup fait gronder dans son enfance. Mais il faut que vous ayez vous le tempérament et lui le caractère. C'est une question de névroses compatibles.

La pire attitude étant l'atermoiement. Et la pire des pires, c'est des heures au téléphone avec vos amis pour leur faire entendre, à l'aide d'arguments circonstanciés, l'évidence que ce connard a sûrement baisé cette connasse à tel ou tel moment. Certains parmi vos amis vous exhorteront à quitter cet infidèle et à l'oublier, ce qui sera une façon détournée de vous dire qu'ils ne veulent plus entendre parler de cette histoire, qu'ils voudraient vous retrouver vous, en l'état, telle que vous êtes quand vous n'êtes pas encombrée de cette méduse collante qu'est la jalousie et la tristesse hargneuse qui va avec. Ils passeront des heures à vous expliquer pourquoi vous devez vous éloigner de cet individu néfaste.

Pour les amis, la famille, les enfants, les relations deuxième degré, pitié, suivez le conseil d'une jeune femme de cinquante ans expérimentée : dignité, autonomie et respiration. Si vous voulez parler, consultez. Et oubliez la « bonne copine » qui ne donnera pas toujours les bons conseils, surtout si c'est elle qui couche avec votre mec.

De quelles rivales faudrait-il se méfier ?

Maintenant que je suis en couple, il ne faudrait pas qu'on me le pique. J'ai eu suffisamment de mal à l'avoir, celui-là. Je l'ai attendu assez longtemps. Je fais semblant de l'avoir digérée mais j'ai encore la « soirée tartes » coincée en travers de la gorge de ma mémoire, même si nous n'en avons plus jamais parlé.

Notre vie est douce, agréable, nos relations sont respectueuses, nous ne nous disputons jamais, je n'ai jamais connu un tel accord auparavant. J'ignore si le Doux a été comme ça avec toutes ses précédentes compagnes, mais je peux assurer que si c'est le cas, elles doivent le regretter. Car l'harmonie d'un quotidien tel qu'il le propose, et un caractère aussi adaptable que le sien ne sont pas si courants.

Sans être crispée sur le sujet de la possession de l'être aimé et de la crainte qu'une autre ne me le dérobe, je me rends compte que ces peurs sont des nouveautés. Je me plaignais d'être seule, mais j'avais oublié le confort de ne pas avoir de rivale, de ne pas être en concurrence. C'est un des avantages du célibat que de ne pas connaître la peur de l'abandon, l'angoisse de l'infidélité, l'interception d'un regard oblique. Donc, du jour au lendemain, il va falloir composer avec un truc nouveau : la confiance.

Si vous vivez avec votre amour dans un endroit isolé de tout, au Nicaragua par exemple, où les canons de beauté divergent des nôtres. C'est bon, vous êtes tranquilles, l'être aimé a peu de chance d'être exposé à la concupiscence d'autrui, et vous pareillement. Mais nos milieux parisiens sont si dangereux.

Il y aura toujours des plus belles, plus jeunes, plus élégantes, plus riches, plus drôles, plus brillantes que vous, que nous, que moi. Aucune n'aura toutes ces qualités. Mais vous remarquerez ces autres femmes dans ces moments où l'usure du quotidien s'immisce dans les interstices de votre inébranlable passion.

L'homme est fidèle, non pas en fonction d'une morale, d'un statut ou de l'amour éternel et sincère qu'il voue à son épouse ou à sa compagne, mais en fonction d'une absence d'opportunités. L'homme peut devenir infidèle le jour où il rencontre une personne qui fait naître délibérément et de façon circonstanciée l'idée d'une possibilité. Heureusement que les bombes ne sont pas les plus audacieuses, ce sont souvent les pas terribles qui osent le plus. Heureusement aussi que votre compagnon n'est pas l'objet de toutes les convoitises.

Vous en verrez qui jouent « attaquantes » sur le terrain, avec l'assurance des perfides qui s'amusent et n'ont rien à perdre. L'éclat de rire est difficile à recadrer (« Mais enfin on rit, on ne fait que rire »). L'attaquante célibataire aura moins de chance d'attirer l'intérêt que l'attaquante en couple qui avance masquée. Il s'agira peut-être, dans ces cas-là, d'un jeu sexuel avec son compagnon habitué à ce que sa femme en drague un autre sous son regard complaisant. Personne ne sait ce qu'il se passe dans la tête ou les sous-vêtements des gens.

De retour à la maison, bien chauffés par ce cabotinage mondain, Monsieur aura peut-être envie de réprimander Madame avant de lui rendre hommage avec fougue. À chacun ses petites astuces, on ne peut pas présupposer le fonctionnement d'un couple de longue date. N'empêche que voir votre conjoint frétiller à la drague outrancière d'une allumeuse un peu garce agace à juste titre. Parce qu'à cinquante ans et au-delà, quand on est en couple, nous sommes plus fragiles et plus facilement inquiètes. Faut-il considérer la réceptivité du compagnon comme un premier pas vers la trahison ? Pas forcément. Mais la tranquillité d'esprit est chose importante sous nos latitudes quinquagénaires.

T'as qu'à tenir ton mec, ma vieille, pense la créature.

Mais ce n'était qu'un jeu, vous dit-il.

Oui mais je t'ai vu faire le coq, avez-vous envie de hurler.

Pour reprendre la situation en mains, avec sincérité, calme et objectivité, il conviendra d'exprimer son ressenti, d'exiger du respect afin de ne plus en reparler, sauf pour s'en amuser. Inutile de donner dans la crise ou le reproche, c'est contre-productif. Réfrénez la colère, la tristesse et la peur. Vous trouverez bien les bons mots un jour ou l'autre. Mais si la petite graine de la jalousie s'insère dans le terreau du quotidien à la lueur de cet événement anecdotique au point de vous gâcher la vie, alors vous réfléchirez et passerez au scanner l'attaquante pour mesurer si elle représente un danger avéré ou pas : et d'abord, qui est-elle ?

Si c'est une femme de trente-neuf ans sans enfant, elle peut toujours déployer son audace pour séduire, soyez tranquille. Le quinqua homme est méfiant. De l'année, il n'est ni le perdreau ni le pigeon. Même face à un coup de cœur, sauf publication d'un certificat de stérilité, peu y mettront le petit doigt…

Si la créature qui drague votre mari est une femme d'une quarantaine d'années avec des enfants en bas âge, ne soyez pas davantage inquiétée. Les rejetons des autres ne sont supportables que s'ils sont grands ou absents. La mère d'un jeune enfant est condamnée à n'être qu'une maîtresse ou à négocier avec le père une semaine sur deux pour se donner du souffle.

Si elle est une femme de quarante-cinq ans avec ses pré-ados, elle ne constitue pas de danger non plus. Les réunions de parents d'élèves, les activités parascolaires, le métier prenant et les vacances en mode famille recomposée où l'on s'agace mutuellement des différences d'éducation et de caractères peuvent brouiller assez vite les perspectives matrimoniales. Ah bon, il faut un appartement de six chambres ? Pour peu que la surface financière des deux, même additionnée, ne suive pas les impératifs de l'habitat commun, et on va trouver soudain que tout est compliqué.

En revanche, la ravissante sans enfant, qui n'a plus trop l'âge d'en faire, autonome, non libre, représente une rivale potentielle. Le serpent du Jardin des Délices se fera une joie de mettre le pied dans la porte qu'une ambiguïté même subtile entrouvrira.

Peu d'hommes résistent à la drague insistante d'une belle femme.

Dans des situations similaires, les femmes sont-elles plus résistantes ? Ça dépend. Tout le monde a besoin d'être rassuré. Tout le monde aime être un peu stimulé. Rien ne vous empêche vous-même de monter sur le plongeoir de dix mètres, d'apprécier la petite excitation du vertige, et… de redescendre par l'échelle.

On peut aussi prendre son élan et tenter un saut de l'ange magistral. À vos risques et périls. Dans ces cas-là, mieux vaut ne pas réfléchir car le plaisir d'un coup ou d'une liaison avec autrui (homme ou femme) sera toujours trop court à côté de la montagne de problèmes irréversibles provoquée par une infidélité avérée, décelée, ou pire, avouée ! Avec un peu de chance et d'habileté, personne n'en saura rien, car si la mauvaise nouvelle est le coup de griffe dans le contrat, la bonne nouvelle est que nous ne sommes jaloux que de ce que nous savons. N'ayez crainte, ça ne changera rien, jamais la jalousie ne fait quitter, la jalousie verrouille juste un peu plus.

Mes statistiques personnelles me disent que nous sommes inégaux face à la jalousie, elle pourrit la vie de certain(e)s, mais, par chance, tous les hommes ne sont pas infidèles, et tous ne réveillent pas la jalousie. Personnellement, je ne suis pas d'une nature jalouse, mais si on me cherche, on me perd.

Le secret des couples qui durent

Ô génie de la lampe, faites qu'il soit un tout petit peu plus amoureux de moi que je ne le suis de lui.

L'amour est la rencontre de deux névroses qui se développent sur le terreau chimique de l'esprit et de la peau. Ensuite, l'amour a sa vie. Il subit les variations de la lune, évolue au fil du temps et s'érode avant de s'éteindre complètement ou de se transformer en autre chose, une autre forme d'amour dans le meilleur des cas, ou d'amitié, ou de tendresse selon l'historique ou les aptitudes de chacun(e).

Traverser sa vie accompagné(e) de la mauvaise personne est terrible. Comment peut-on s'accommoder d'une relation médiocre ? Seuls les contingences matérielles et le socle familial qui, à la cinquantaine, se sont fossilisés subrepticement avec le temps, empêcheront toute prise de conscience. Quant au vide amoureux, on s'habitue à lui par défaut.

Dans les deux cas, c'est encore l'affaire de la peur.

Ma haute considération va aux couples qui durent. À celles et ceux qui gardent le même partenaire la vie durant. Bravant l'usure, faisant figure, colmatant les brèches du nombre des années et s'arrangeant pour ne jamais prendre l'eau. Comment ont-ils fait pour traverser la crise du désir et celle des évolutions de chacun en des sens parfois opposés ? Comment font-ils pour affronter le grand trou noir des années qui s'empilent ? Pour faire face ou résister aux sollicitations diverses, quand celles-ci deviennent alléchantes ? Les perfides préciseront à quel point ces couples-là, indéfectibles, sont soudés par un confort compliqué à défaire, à moins qu'ils ne soient verrouillés par des compromis trop installés, ou des aliénations trop imbriquées. Ils ont leur mystère de fonctionnement.

Certains sont beaux à voir, bienveillants, éternels. De la tenue en cas de désaccord, si désaccord il y a. D'autres sont effrayants, toxiques, figés. Ils gèrent mal ce moment qui suit une contrariété exprimée, un reproche ou une dispute. L'agacement qui se manifeste par un ton particulier. Comment efface-t-on les traces tenaces des sautes d'humeur ? Elles se dissolvent plus ou moins vite selon les caractères, j'imagine. A contrario, une trop bonne entente est autant irritable que suspecte. L'un des deux existe-t-il vraiment ?

Il me semble cependant que si on a réussi à franchir les dernières périodes charnières balisées d'épreuves – départ du dernier enfant, coups de cœur furtifs, attitude discrète, pardon lacrymal –, alors on est ensemble pour longtemps. Pour qu'un couple traverse les années, unis heureux, il est préférable qu'il y en ait au moins un des deux très gentil, et que les deux manquent d'audace.

Les unions

Ô génie de la lampe, faites que nous en éprouvions toujours l'envie mais jamais le besoin.

Au départ le mariage sert à faire une fête élégante autour de deux personnes qui veulent clamer haut et fort leur amour et leur compatibilité sexuelle…

Voyons d'abord la noce : Ce sera une belle journée de distraction massive, il y aura partout des fleurs, des cadeaux, des sourires et, dans l'air, ce flottement de pensées perfides qui n'appartient qu'aux cérémonies honorifiques.

La lumière et les regards seront surtout braqués sur elle, la Mariée, majuscule et capitale, toute en talons, chignon et Chantilly. Ses parents afficheront la satisfaction béate du soulagement, ceux du marié feront la tête mais tenteront de le dissimuler au mieux. Les bonnes copines célibataires étaleront une bienveillance suspecte et lanceront le radar de recherche : la fête, avec sa musique, son *open bar* et ses invités avinés, a toujours été un terrain de chasse bien plus fourni que n'importe quel site de rencontre.

On écoutera avec attention les discours des camarades potaches au cours desquels on retiendra son souffle craignant la gaffe liée au passé, et, après le passage ennuyeux des vidéos de l'enfance, tout le monde applaudira de bon cœur. Les mauvaises langues lanceront les paris de longévité et les esprits pernicieux noteront l'année de naissance de la mariée lors des vœux échangés à la mairie, en pensant qu'« il était temps ».

Si le mariage affiche son utilité pour des tas de choses – ne faire qu'une seule déclaration fiscale, faire naître les enfants dans la légitimité sociale, revendiquer des forfaits tarifaires divers, accoler à l'entité matrimoniale un seul nom fédérateur… –, à l'arrivée, il sert surtout à donner à l'un des deux l'autorisation juridique d'appuyer sur le bouton de l'ascenseur social qui l'amènera plus loin que si le chemin avait été effectué seul(e). Mais en ce jour d'échange de serments, il représentera la concrétisation d'un rêve de conte de fées.

Un jour, le mariage prendra tout son sens, quand l'un des deux se félicitera de l'intérêt d'avoir fait de ses sentiments un pacte juridique.

Car voilà,

L'amour (souvent) ne dure pas,

Le mariage lui, dure (toujours) trop longtemps,

Ne parlons pas du divorce qui, lui, n'en finit jamais.

Une bonne raison de se marier…

Si vous n'avez pas eu la chance de naître avec un joli nom, le mariage, dans ce qu'il a de plus sexiste, vous offre la possibilité de faire disparaître le patronyme que vous a légué votre père pour le remplacer par celui de votre époux. Dans le cas où les rancœurs de l'enfance persisteraient (que celle qui n'a rien à reprocher à son père lève la main), le mariage peut permettre de mettre fin à ce rappel quasi quotidien de la patte paternelle.

Personnellement, je n'ai jamais eu l'envie de me marier en bonne et due forme. L'idée de rentrer dans une mairie ou une église déguisée en blanc me terrifie. Mais si mon nom de jeune fille était Couillonard, que je rencontrais par hasard un Monsieur de Bourbon Parme, et qu'une douce romance s'installe entre nous, je pense que je harcèlerais ce monsieur pour qu'il m'épouse. Et si au bout de quelques années, le mariage se soldait par un divorce, la première chose que j'exigerais de mon avocat serait qu'il obtienne que ce nom d'usage soit désormais le mien pour la vie. Alors bien sûr, il y aurait toujours le cahier mondain du *Figaro* qui rappellerait à ses lecteurs, lors de moments clefs comme les fiançailles des enfants ou la naissance des petits-enfants, que Madame de Bourbon Parme est née Couillonard. Vous l'interpéterez comme un coup bas de votre ex-mari.

Mais en dehors du vilain nom ou de la pauvreté sociale, le mariage est d'abord l'aboutissement d'un amour infini que l'on souhaite exprimer aux yeux du monde par voie juridique dans un but statutaire.

Note de bas de page : il permettra accessoirement de signifier à la garce qui drague votre mari qu'elle est priée de se reculer d'un pas, même de deux, que ça va être compliqué pour elle si elle continue ses entrechats chaloupés. Ce que nous avons appris avec les années et les copines, c'est que le contrat de mariage n'inclut pas de clause de fidélité. Bien au contraire. Il y a même des adeptes, des femmes à la haine de soi très sûre qui sont avant tout des maîtresses et n'envisagent pas autre chose. Ce ne sont pas les plus dangereuses mais quand même.

Mieux vaut prévenir

Certains disent que le jour où l'on simplifiera le divorce, on recommencera à se marier. C'est un peu comme de dire que le jour où on simplifiera le licenciement, on recommencera à embaucher. Le juge des affaires familiales est au mariage ce que le prudhomme est au travail salarié. Sauf que personne ne descendra dans la rue pour alléger les lois de la rupture d'un contrat matrimonial. À la rigueur, ce serait plutôt les avocats qui manifesteraient pour exiger le maintien de la lenteur de la procédure et de sa complexité opaque.

Au bout du bout, biens et douleur seront partagés équitablement. Parce que non seulement un divorce qui dure appauvrit les deux parties, même la personne qui l'a souhaité, mais il abîme, paralyse et freine la reconstruction de chacun.

La culpabilité de celui qui part, dans le cas où c'est lui l'heureux et l'infidèle, déclenchera un élan de générosité proportionnel à la rage de l'autre qui n'en sera pas forcément reconnaissant. Au son des ordonnances juridiques, les ego vont commencer à se déployer et chacun tentera de valoriser son rôle dans l'histoire. Le sordide étant inévitable, l'enragé(e) va devenir activiste, avec des pensées et une énergie au service de sa guerre. Les amis, les enfants, et les couverts en argent seront eux aussi coupés en deux. Les amis, et même les enfants, seront priés de choisir leur camp, le reste finira à Serpette.

Le partage serait simple si l'apport des deux parties était pareillement quantifiable, mais comment savoir ? Le divorce est la porte ouverte à toutes les vilénies. De la carrière arrêtée pour s'occuper des enfants à l'organisation des dîners utiles à l'évolution professionnelle, il sera question d'abstraction, de temps passé, d'allaitement, et d'équilibre apporté. Un juge devra prendre une décision forcément injuste. Le divorce, avec son tempo judiciaire et ses festivités calendaires, empêchera la paix, chacun moulinant ses griefs respectifs et comptabilisant toutes ces choses qui, du temps de l'amour, étaient gratuites.

L'aspect le plus positif du divorce est qu'une fois prononcé, s'il n'y a plus rien à négocier, la poussière va retomber d'un coup dans une indifférence que l'on ne pensait jamais possible. Pour le bien, l'équilibre, les enfants, les finances et la résurrection de tous, il est indispensable d'alléger les procédures. Mais pour la survie des avocats spécialistes du droit de la famille, il est nécessaire que rien ne change.

Peut-on encore se marier à cinquante ans ?

Aujourd'hui, le mariage en tant qu'institution est plus volontiers destiné aux people en mal de promo, aux homo en mal de reconnaissance ou aux jeunes et jolies filles issues de famille nombreuse et désargentée. Parce que franchement, qui se marie aujourd'hui en dehors des aristos, des gays, ou des filles enceintes qui ont dépassé le terme ?

Alors bien sûr, à plus de cinquante ans, après plusieurs vies, on n'en parle même pas. Se marier ne veut plus dire grand-chose au sens dionysiaque du terme, d'autant que les ruptures ou les expériences passées ont pu nous refroidir sur les bienfaits de l'institution.

Nul besoin de statistiques particulières pour savoir que la plupart des premiers mariages se terminent par une guerre au couteau. Et avec les valises de chacun qui pèsent des tonnes, autant éviter. Mais s'il y a encore en vous une part d'absolu et de romantisme, qui arrive au bon moment, à bon escient, alors pourquoi pas.

J'ai toujours pensé qu'avant de se marier il fallait avoir beaucoup vécu. Avoir connu d'autres corps, éprouvé une palette de sentiments, avoir souffert suffisamment, s'être perdus dans les méandres entortillés de l'ivresse, avoir été émus à en pleurer, avoir su tout donner sans le regretter, avoir ri au lit, et lu après, avoir reproduit plusieurs fois les mêmes erreurs, avoir réfléchi là-dessus, avoir compris… Alors si après tout ça, il demeure encore en vous cette envie, ou même l'idée de cette envie, c'est que c'est vraiment Lui, c'est que c'est vraiment Elle.

Au-delà de la certitude amoureuse, le mariage apportera toujours un statut, une protection, et cette impression de peser plus lourd à deux, d'être plus fort, d'aller de pair, de former une entité et de pouvoir être dans l'équilibre harmonieux d'une table de salle à manger le duo parfait étiqueté et précédé par « Les » quand on parle d'eux… Mais il est fait aussi pour consolider une construction, réaliser un projet, et, après un certain âge, ça se bouscule moins. Où qu'on aille, on se déplace avec les fondations du passé.

Cela dit, refuserions-nous la bague, et la photo du jour J encadrée dans l'entrée ?

À l'âge où nos vies de jeunes femmes de cinquante ans ont trouvé leur équilibre, nous n'avons pas besoin de géniteurs, moins besoin de sponsors, et nous nous sommes habituées à notre statut. Alors pourquoi lui dire oui ?

Il faudrait vraiment qu'il insiste.

Bon, la vérité est qu'il faudrait d'abord qu'il le demande.

Conseils aux jeunes filles

Aimez pleinement tout en vous demandant si les qualités de l'élu seront compatibles avec l'usure du temps, l'évolution des circonstances et celle de son caractère, dans le cas où l'amour faiblirait. Posez-vous ces questions : sera-t-il toujours aussi bien le jour où je l'aimerai moins (ou le jour où il m'aimera moins) ? Saura-t-il être pour moi le compagnon des fortunes autant que des infortunes ? Saura-t-il se montrer généreux en cas de rupture ? Dès les prémisses d'une relation, on peut déjà avoir une idée des réponses, même approximatives. Méfiez-vous des radins qui comptent et fixent trop longtemps la note du restaurant, évitez les cigales qui claquent pour la frime ou les dépensiers compulsifs qui collectionnent et accumulent. Envisagez l'hédoniste qui trouve le bon équilibre entre besoin et plaisir, et tenez à distance ceux qui méprisent l'argent alors qu'ils n'en ont pas.

Jeunes filles, surtout, faites des études, nourrissez votre esprit, cultivez vos talents, travaillez, et ne vous arrêtez pas. Soyez toujours autonomes, méfiez-vous de la dépendance financière qui verrouille et entrave.

Et n'oubliez jamais que la gentillesse et la générosité sont deux qualités qui traversent le temps en restant intactes quelles que soient les circonstances.

Conseil aux jeunes hommes

Allez vers les filles courageuses gentilles, et travailleuses. Fuyez les princesses et les bécasses qui, dans l'adversité, vous feront mordre la poussière. Sachez qu'avec les années, les caractères se radicalisent. Les tours tombent toujours du côté où elles penchent. Ce qui est adorable à vingt-cinq ans l'est moins à cinquante. Avec un peu de chance, vous serez partis avant. Les partenaires dépendantes que l'on n'aime plus, on se les traîne toute la vie en faisant semblant de s'en accommoder tout en regrettant de ne les avoir aimées que trop peu de temps. Tout ça au nom d'un modèle familial auquel notre inconscient aurait fait allégeance.

Qu'offrir à une jeune femme de cinquante ans ?

Ô génie de la lampe, l'important est le regard, non la chose regardée (comme le dirait autrement Gide), mais rappelle-lui quand même que j'aime les pivoines en juin, le mimosa en janvier et les petites surprises inopinées tout au long de l'année.

Le cadeau est la jonction de l'amour, des finances et de la générosité. Dans vos années solo, vous n'aviez pas à offrir de cadeaux et vous n'aviez pas à en recevoir ; en couple, cette question se pose plusieurs fois par an : anniversaires respectifs, Noël, Saint-Valentin, anniversaire de mariage ou de rencontre... Casse-tête récurrent et plaisirs boomerang.

Un sac

À Quinqualand, en général, nous avons tout. Ce « tout » comprend des choses qui peuvent se décliner et se multiplier à l'infini. Le sac illustre assez bien l'inutile matérialité de la possession. Qu'il soit à main, à dos, ou en bandoulière, le nombre de sacs que nous possédons n'est jamais suffisant, et ne le sera jamais. Le sac n'est pas accessoire, il est essentiel.

Un vêtement

N'importe lequel. Étonnez-moi ! Mon anniversaire étant au début du mois de novembre, mon cadeau mode n'est jamais soldé, j'en suis désolée. L'offrant devra le payer plein pot. Cet inconvénient est doublé d'un avantage pour moi : je peux toujours le changer pour autre chose s'il ne me convient pas. Ainsi, j'ai toujours eu moins de cadeaux que ma copine Cosy, qui est née aux alentours du premier jour des soldes, le 2 juillet, mais qui, elle, n'est jamais à l'abri d'une mauvaise surprise dont elle devra coûte que coûte s'accommoder.

Un livre

Le livre est un achat en principe peu onéreux, mais il n'est opportun que s'il est personnel et bien senti. Sinon, il tombe souvent à côté ou fait doublon. Soyez gentils, ne faites pas l'affront d'offrir ce que nous sommes supposées avoir lu. Évitez donc les classiques, sauf les œuvres complètes de qui vous voulez dans une collection un peu chic. Tentez plus volontiers les dernières récompenses littéraires. Réflexe poli, laissez l'étiquette de la librairie, mais il ne faut pas tarder à l'échanger. De nos jours, les librairies ont trop tendance à se transformer soudainement en épiceries bio ou en magasins pour appareils auditifs, qui eux-mêmes se transformeront d'ici peu en lieux en phase avec l'époque et le quartier.

Un bijou

Le bijou est difficile à échanger sans froissement de la partie adverse, mais s'il est toujours renversant et désarçonnant, il est rarement à côté de la plaque. Sauf bien sûr si on vous offre des boucles d'oreilles alors que vous n'avez pas les oreilles percées – ce qui est lourd de significations. *A minima*, il sera une simple breloque fantaisie tout en symbole, au mieux, ce sera une boîte en suédine avec des lettres dorées qui prendra toute sa dimension offerte par quelqu'un qui saura la planquer dans un décorum ad hoc et que vous découvrirez dans la poche de votre manteau ou sous la serviette au restaurant. Là, la main devant la bouche, vous prendrez cet air qui dit « quelle surprise ! » (un neurone insatisfait dans votre tête dira « il était temps ! »). Avant d'ouvrir le paquet, vous le tournerez dans tous les sens, puis vous le déshabillerez doucement, sans vous presser, en savourant très minutieusement cette attente. Vous égaierez cette gestuelle délicate de sourires et de petites phrases interrogatives, histoire de faire durer cet agréable moment. Puis vous glisserez la bague dans le doigt le plus adapté en vous félicitant d'avoir laissé traîner quelque part l'information de vos mensurations les plus détaillées.

Un truc à côté de la plaque

Celui qui offre un CD ne connaît ni Deezer, ni Qobuz ni Spotify, et a forcément plus de quarante ans. C'est un peu comme si une personne de soixante-dix ans offrait une K7 VHS à un camarade de cinquante ans. On est toujours le ringard de l'un ou le geek d'un autre.

Un passeport

Le cadeau le plus incroyable, le plus original est sans aucun doute celui d'un oligarque russe à son épouse pour leurs dix ans de mariage. Bien emballés dans un écrin, Madame eut le bonheur de découvrir de nouveaux vrais documents d'identité à son nom indiquant une date de naissance plus tardive de dix ans. Et qui dit naître dix ans plus tard dit dix ans de moins ! L'argent ne peut pas tout, mais beaucoup quand même. Un cadeau qui n'a de sens qu'accompagné d'une batterie d'injections, et de services à la carte d'un spécialiste de la e-réputation, qui aura pour mission d'effacer les informations compromettantes. Un mensonge de haut vol impliquant schizophrénie et méthode, et qui en appelle à l'éradication millimétrée de l'entourage proche. Tant qu'à donner dans l'original, et si vous tenez absolument à offrir un nouveau passeport avec une nouvelle date de naissance, juste pour le fun, je vous suggère de m'en offrir un d'une nationalité différente, d'un tout petit pays, un truc rare, genre État du Vatican ou principauté d'Andorre, et avec un autre nom si possible. Ainsi, je demanderai aussi au Community Manager de m'inventer une nouvelle histoire, une nouvelle enfance, de nouvelles études, un passé tout neuf. Quant à l'avenir, je m'en charge.

Des fleurs

La seule démarche comptable autorisée serait que votre amoureux vous offre un bouquet de roses au nombre équivalent à celui de vos années. Une action discrète permettrait même de pousser la délicatesse jusqu'à ne pas y mettre tout à fait le bon compte. Quelques roses de moins par exemple, comme un clin d'œil tendre. Il n'est pas si fréquent que l'élégance rencontre l'économie.

Une fête

Le jour J du B-day, pourquoi ne pas se coucher tôt avec son compagnon en ayant fait honneur au Ruinart Blanc de Blancs mis au frais pour l'occasion, et se réveiller avec un casque à pointe inversée, un an de plus au compteur, et un de moins en temps de vie restant ?

Et puis, soyez gentils, pas d'anniversaire surprise. Franchement, on a passé l'âge de choses pareilles. Voir les invités sortir de derrière le canapé, hilares, brandissant leur coupe peut mettre le palpitant en panique. Et puis, vous voyez le tableau : ravaler ses larmes, retenir sa gêne, gérer un mutisme prolongé qui sera forcément décevant, avec ce sentiment de ne pas être à la hauteur de ceux qui se sont donné autant de mal pour vous… Dans ces cas-là, un discours de remerciement s'impose, si possible avec esprit, sensibilité et la voix bien placée. Faites que jamais personne de très proche ne se marie ni ne meure, épargnez-moi à jamais épithalames ou oraisons : je n'ai pas été programmée pour ça. Donnez-moi à la rigueur trois jours avant un papier et un crayon et je vous composerai un poème.

Il y a aussi l'option de fêter l'anniversaire de l'autre dans la non-surprise. Lui demander sa liste d'invités, son menu, sa musique, son cadeau et son gâteau préféré. Que du su, que du sûr. Les programmes balisés ont leur charme, mais le procédé indémodable qui consiste à célébrer l'événement à deux, dans l'intimité d'un lieu classique ou insolite, est ce qui me séduira toujours le plus. Un week-end quelque part en amoureux, c'est un petit caillou dans l'édifice du souvenir, et pour peu qu'on en trouve un autre par hasard dans la poche de sa veste, confortablement coincé dans la suédine d'une petite boîte, alors là, l'anniversaire sera des plus réussis. Hein le Doux ?

Les joies de Noël ?

Noël, c'est le décor obligatoire, les cadeaux à côté de la plaque, le dérèglement des festivités et l'arythmie de l'assiette. C'est la saison des bilans comptables et personnels, de la fin des amours démarrées en début d'été, du temps gris et pluvieux, du teint gris et plus vieux, et de la question posée deux cents fois entre le 15 novembre et le 15 décembre : « Tu fais quoi à Noël ? » Au secours ! On espère juste que, de derrière les fagots, le génie de la lampe sorte, une bouteille de champagne à la main, et dise : « Allez Darling, lâche-toi, c'est *open bar*, envoie tes vœux. » Je lui demanderais alors une paire de souliers taille 39 et demi, encore un sac, un bijou fantaisie mais qui dit quand même « gemme », un massage dans un spa au nom de palace, un stage de danse dans une capitale européenne, les best-sellers dont on parle, et, dernière requête, à moins que ce ne soit la première : que mon histoire d'amour ne connaisse aucune complication directe ou collatérale. Alors, le génie de la lampe me regarderait, et, dans une oblique coquine, me dirait : « Encore un sac ? Mais tu en as déjà trente-deux ! » Alors je lui répondrais : « Et alors, t'es le génie de la lampe ou pas ? »

Une fois déçue ou satisfaite et dans tous les cas soulagée d'avoir dépassé enfin cette navrante période de l'année où l'hystérie consumériste rivalise avec les agapes à dominante grasse et sucrée, il faudra faire le tri. Le tri des cadeaux. Les doublons, les qui-plaît-pas, les qui-vont-pas, les pas-mon-style… Alors, les jeter, les donner, les revendre ? Les sites marchands sont des facilitateurs de cadeaux à côté de la plaque. Les vrais faux papiers d'identité en revanche, si on me les offre, je les garde, sait-on jamais si demain le Vatican ou les Catalans d'Andorre dominent le monde…

Le cadeau emballé n'est pas à 100 % sûr, il peut être maladroit, à côté, disproportionné, encombrant, en retard, mais l'attention, l'imagination, l'anticipation, la surprise, le partage, et ce moment tout particulier où l'on tire le ruban lentement vers soi avant d'ouvrir le paquet feront toujours un bien fou.

Un poème, un dessin, une chanson peuvent faire plus d'effet qu'un sac Vuitton.

*

Vous reconnaissez-vous dans ces choses de l'amour qui nous rendent fragiles et pugnaces, douces et sensibles ? La section qui suit va un petit peu plus loin. Je vous propose de soulever encore un coin du tapis, avant de lever le rideau sur ces choses dont on ne parle jamais en public mais qu'on évoque toujours entre nous. Restons ensemble, restons groupées, nous, jeunes femmes de cinquante ans, et plongeons dans l'intime. Sans censure.

Ce que vous avez toujours voulu savoir sur les jeunes femmes de cinquante ans

« J'ai décidé d'être heureux parce que c'est bon pour la santé. »

Voltaire

Je salue chaque jour ma chance d'être là en train de raconter à mon ordinateur des histoires facétieuses et amusantes qui me soutirent parfois un sourire. Tant que j'écris ces futilités, c'est que le reste va bien.

Le reste, c'est l'utile, l'important qu'on oublie quand ça va, c'est notre enveloppe corporelle, mais aussi la famille, les amis, la beauté, la santé, le sport… Ils sont au centre de cette quatrième partie « en vrac » qui sans être classée par importance hiérarchique démarre quand même par le sexe.

Le sexe

Les réseaux sociaux, les blogs, le bouche à oreille, mettent régulièrement le doigt sur certaines tendances auxquelles vous n'auriez jamais songé. Parce que qu'il soit quotidien, épisodique ou passager, le sexe est là, toujours là, et jamais autant présent que lorsqu'il est absent.

La qualité des actes et leur fréquence varient en fonction de paramètres eux-mêmes mouvants et sur lesquels nous n'avons pas toujours de prise. Chez les hommes, la technique peut toujours s'améliorer avec les années, mais l'efficacité avérée des prestations rejoint le grand débat entre l'acquis et l'inné. Certaines disent que l'on ne s'improvise pas bon amant, on le devient. D'autres sont convaincues que les hommes naissent libres mais inégaux entre eux. Au sujet du virtuose, les avis sont universels et unanimes, mais le moyen, le tout-venant, l'amant *next door*, le *vulgum pecus* du samedi soir, peut être qualifié de merveilleux ou de désastreux d'une personne à l'autre. Allez savoir pourquoi ! Les circonstances ? Les sentiments ? Les comprimés ? À moins que l'entente physique relève de paramètres infiniment subtils, celui de la chimie des corps, ou celle de l'esprit.

Dans tout couple, l'accord horizontal est souhaitable, mais comme nous avons passé l'âge de nous faire trousser dans l'après-midi par la grâce d'une opportunité virile ou d'une montée d'hormones, il n'est pas vital non plus. Le sexe moyen est bien plus supportable que l'amour moyen. Note de bas de page : Mais il y contribue.

L'avantage chez nous, jeunes femmes de cinquante ans que nous sommes, c'est que nous maîtrisons la géographie de notre anatomie dans tous les sens. On connaît les paroles, la musique et le rythme de la chanson. Elle se susurre, s'entonne, se chantonne dès le premier coup de baguette. Les zones les plus sensibles se mettent en place naturellement au début des opérations, le coït opère alors sa mise en abyme, sans surprise, avec bonheur et bonne humeur dans une catalepsie maîtrisée.

On imagine que l'ensemble des nerfs moteurs dûment vascularisés dépose sur notre visage, à ce moment le plus perché, un genre de sourire extatique que rien ne semble justifier. Nous n'avons ni miroir au plafond ni caméra cachée pour nous le confirmer (enfin j'espère), mais je suppose que nous devons être sacrément grimaçantes à certains moments. Parfois, je pousse la coquetterie à m'en effrayer, mais sans souhaiter m'en réfréner pour autant.

Une fois que les choses fonctionnent, sur l'air de Monsieur, Madame s'entendent bien, à quel rythme doit-on être consommée ? Les élans de Monsieur seront-ils en phase avec les migraines de Madame ? Tout comme les bourdons dans le string de Madame vont-ils s'accommoder des fatigues ou des pannes de Monsieur ?

C'est bien, ça plaît, ça marche, sont les trois critères fondateurs horizontaux de la vie à deux. Car même si nous n'avons pas officiellement de date de péremption physiologique, le temps apportera son lot de caprices. Quinquas hommes ou femmes, nous ferons avec.

Celles qui sont en couple officiel gèrent un équilibre sexuel en fonction de la triangulation tyrannique de la libido, du sommeil et de la paresse. La libido s'entretient avec de l'amour, des fantasmes et quelques compléments alimentaires prescrits par les bonnes personnes. Le problème du sommeil se règle en allant au lit plus tôt, en faisant une petite sieste dans l'après-midi. La paresse est l'inclination la plus dangereuse. Avec sa cousine l'habitude, c'est elle qu'il faut combattre.

Les jeunes femmes célibataires de cinquante ans n'ont pas envie de s'éparpiller. Elles recherchent avant toute chose une épaule, mais si en plus il y a un appendice caudal en état de fonctionnement livré avec, nul doute qu'elles seront ravies d'exprimer toute leur gratitude. Les quinquas célibataires de type masculin rechercheront surtout des moments de plaisir, si possible sans lendemain. Et s'orientent plus volontiers vers des femmes jeunes pour lesquelles il est possible que ni l'épaule ni l'appendice ne suffisent.

À l'occasion, pensez à leur rappeler.

Prendre position a minima

Ô génie de la lampe, *censuré.*

On révise ses classiques. Missionnaire est efficace, mais Andromaque n'est plus autorisée. Nous n'avons plus l'âge d'être vues par en dessous, sauf dans le noir complet. De même, je déconseille les positions qui imposent à nos genoux une friction saccadée ou prolongée sur un sol de type parquet à lattes, jonc de mer ou béton ciré. La moquette n'est pas davantage adaptée, on pourrait penser que la laine moelleuse est confortable, mais les matières nobles et nos articulations ne sont plus ce qu'elles étaient. Irritations de l'épiderme et douleurs lombaires garanties. Si vous voulez pimenter, cherchez ailleurs.

Inventez des accessoires, mais localisez-les avant le démarrage des festivités (une fois la machine en marche, personne n'a le bras suffisamment long ou disponible pour les attraper). Ne laissez pas traîner vos effets, la communauté familiale pourrait en être heurtée. Pour les enfants, quel que soit leur âge, la sexualité des parents n'existe pas. C'est une torture que de la découvrir, de la constater et encore plus d'en découvrir les adjuvants exhausteurs. Donc planquez tout. Au-delà du traumatisme, votre autorité pourrait être ébranlée.

Redéployez votre imagination qui s'endort, explorez l'alternatif, revisitez les fondamentaux. Considérez les mots, ils sont d'une efficacité redoutable, croyez-en mon vocabulaire, certains comptent triple. Dégotez une plume de paon, l'archet d'un violon, un pinceau de maquillage, et demandez-lui de vous étonner ou de vous faire honte comme ça juste pour rire, ou pas.

Abandonnez-vous aux relations intraconjugales. Késako ? C'est un genre d'adultère mental consenti où vous invitez dans vos pensées qui vous voulez. Il y a une dimension ludique et de partage aussi. Ainsi, de nombreuses personnes de votre entourage pourront vous visiter dans vos moments les plus intimes avec des images ou des mots. Le fromager du coin, le Turc qui fait les retouches, la voisine du deuxième, Brad Pitt…

Dans un chuchotement, lancez les invitations : Monsieur, Madame reçoivent. Au bout d'un certain temps de vie commune, quand le désir n'en fait qu'à sa tête (ou qu'à sa queue), mettre les tabous en sourdine n'est pas si absurde. Y a-t-il quelqu'un que ça dérange ?

Dans la dernière ligne droite, en crapaud sur le dos ou en cobra sur les avant-bras, la relation intraconjugale est le petit coup de pouce qui vous fait voir le septième ciel d'en haut, la petite étincelle qui envoie en l'air ce qui vous reste de dignité, un feu qui envahit vos chairs à ce moment très précis de votre intimité où votre voix devient rauque. La sexualité s'accommode avec discrétion de cet(te) invité(e) surprise virtuel(le) qu'il n'est pas interdit de convoquer, surtout si l'objet de vos phantasmes vous comble avec efficacité. Et puis, qui va s'en plaindre ? Sûrement pas le (ou la) partenaire. Si vous gardez l'astuce pour vous seule, pas besoin de raconter votre vie et de donner des détails là où la jalousie en profiterait pour s'immiscer.

Celle qui affirme qu'à tous les coups elle gagne, que chaque tir atteint son objectif est soit une menteuse soit détestable. L'orgasme est un bonus, se rater parfois est normal. C'est se rater toujours qui est triste. Certes, vous ne pouvez maintenir au quotidien le thermostat à 10 sans prendre le risque de faire péter la chaudière, mais si vous avez la main sur la zapette et contrôlez la température, tranquille les filles !

L'amour quand il fait chaud

Si vous n'avez pas de partenaire sexuel ou si vous vivez en Suède ou dans le Finistère, ceci ne vous concerne pas. Dans les deux cas, vous évitez le sexe caniculaire propre aux saisons estivales. Mais pour les autres, je vous livre mes conseils pour éviter les désagréments d'une intense chaleur. Selon le nombre d'années de vie à deux, vous avez plusieurs options toutes très chaudes.

Pratiquer des figures de style référencées qui sauront mettre en contact un minimum de peau, et un maximum de muqueuses, des postures qui tournent le dos à la bienséance et proposent aux deux partenaires des orientations mentales capables de combler des zones imaginaires inexplorées. Prenez les jambes à votre cou, détendez votre dos, attrapez des glaçons, jouez avec et optez pour une version sexuellement polie de « à la tienne, à la mienne ». Une sorte d'accord tacite garantissant un retour mutuel sur investissement.

Tenez à portée de main un grand verre de Perrier glacé dont vous garderez une petite gorgée dans la bouche un peu plus longtemps que de raison pour un effet « frisante ». Pour les gourmandes, la variante au sorbet mangue passion est une option plus froide et plus sucrée qui plaît toujours, pensez juste à bien ranger les restes du dessert pour éviter d'en mettre partout dans le lit.

Et puis s'il est hors de question pour vous deux, quelle que soit la température extérieure, d'arrêter l'élan classique de votre température intérieure, très bien, allez-y donc. Dans ces cas-là, prenez une douche glacée juste avant afin de retarder au maximum l'effet ventouse inévitable du frottement de vos poitrines que la fusion des corps aqueux va provoquer. Dès que ça patauge misérablement, arrangez-vous pour raccourcir les délais, faites moite-moite par rapport aux temps habituels impartis. Ce n'est pas un petit 36 degrés qui va vous arrêter.

Vous pouvez aussi estimer qu'il fait trop chaud pour envisager un mélange de fluides, attendez que la température baisse pour reprendre une activité sexuelle digne de ce nom. Dans tous les cas, attention au miroir qui traîne. Il n'est pas feng shui dans une chambre quand il se trouve face à la porte, dit-on, mais surtout, il peut révéler des angles de vue que vous ne maîtrisez pas, et qu'à nos âges, on cherche plutôt à dissimuler. Méfiez-vous des vues obliques qui vous échappent mais qui peuvent se trouver là, bêtement, dans la mire de l'autre. Miroir ou pas, dans les positions académiques, les bourrelets ne se voient jamais. Mais tout autre effet de style corporel est susceptible de renvoyer à votre partenaire une image non validée par votre tour de contrôle.

Ne négligez pas la lumière qui n'est jamais assez douce, ni assez éteinte. Mon conseil est de garder allumée la petite lampe de lecture posée sur la table de chevet, ou bien la bougie parfumée qui dispensera une jolie lueur mais demandera de la vigilance. Mettre le feu, oui, mais au sens figuré seulement.

P.S. à l'attention de mes enfants : j'ai délégué la rédaction de cette partie de mon livre à une copine folle et marrante, car, comme vous l'imaginez, je suis bien incapable d'écrire des choses de ce genre et, du reste, je ne comprends rien de ce que ça raconte.

« Sexfriendisme » et amants faciles

Le sexfriendisme concerne des amis qui, à l'occasion, sont des amants. Il est au sexe amoureux ce que la blanquette de Limoux est au Ruinart Blanc de Blancs, une misère sympathique. Cette forme relationnelle ludique et consentante s'exprime avec la facilité décomplexée propice aux liens amicaux, qui trouvent là l'occasion de se consolider en échange d'un bon moment. Rien d'impliquant, rien de blessant. Le *sex friend* joue souvent en terrain connu car, du temps de leur jeunesse, les deux protagonistes ont eu une histoire ensemble. Et puis la vie a fait son chemin, ils se sont perdus puis, un jour, retrouvés.

Divers ingrédients sociologiques favorisent cette pratique facile : la difficulté à s'engager pour les uns ou la paralysie glaciale causée par un divorce sanglant pour les autres. Le sexfriendisme n'est pas engageant, il n'offre aucune nouveauté, aucune surprise, et n'entre pas dans le cadre de la chasse. Quelle différence y a-t-il avec la maîtresse officielle ? Le *sex friend* n'est doté que de bons sentiments, faire l'amour avec un ami ne comporte que le risque d'une bienveillance ludique, au pire un peu de piment dans l'eau tiède. Alors que la relation amant/maîtresse a ses règles et son droit. Elle présente une possibilité amoureuse latente qui peut conduire de la légèreté à la guerre en passant par la tristesse. L'histoire, estampillée du sceau « entre adultes consentants », commence dans la folie d'un dérapage, se poursuit avec un texto du genre « Dommage j'avais préparé un bœuf bourguignon » et peut dériver sur un acte belliqueux et irréversible (coup de fil à l'épouse, lettre anonyme…).

Il ressemble à quoi votre tableau de chasse ?

Nous avons toutes notre part de honte concernant certains de nos écarts passés. Vous voyez de quoi je parle : l'histoire éclair (« juste une fois ») avec le gars dont on voudrait SURTOUT que personne ne sache (« c'est lui qui te l'a dit ? »), qu'un jour de grand vent (« bah, c'était il y a longtemps ! »), sur la base d'un malentendu (« il n'y avait pas un seul taxi ») et/ou d'une forte insistance (« il m'a tellement baratinée, je ne te dis pas ce qu'il a fait pour »), nous nous sommes laissé aller (« ça s'appelle un concours de circonstances »). Prête à tous les compromis (« on n'est pas vraiment allés jusqu'au bout »), à toute justification (« j'avais un peu forcé sur le Saint-Julien »), ou explication foireuse (« c'était pour me venger des infidélités de l'autre con »), certaines vont même jusqu'à nier (« je te jure qu'il ne s'est rien passé »), ou à banaliser l'anecdote (« si c'est le cas, je ne m'en souviens pas »). Sachez juste que l'histoire nous rattrape toujours. Pourquoi ? Parce que le monde est tout tout petit.

Je dis *toutes* parce qu'au masculin, ça ne marche pas. J'ai remarqué qu'aucun homme n'a honte d'avoir tiré un coup, même avec la plus vilaine du quartier. Un large éventail de conquêtes, quelles qu'elles soient, redorera toujours le blason de Monsieur, quand il brouillera le mystère de la dame, sauf si parmi ses aventures quelques noms sont reconnaissables.

Eh oui, c'est affligeant, mais certaines aventures vous poussent vers le haut (Brad P., George C., Benjamin B…), d'autres vous tirent vers le bas (heureusement que tout ne se sait pas). Notre image repose en partie sur la qualité de notre tableau de chasse, passé et présent. Alors, quand se profile la rumeur que vous avez eu une aventure avec une « célébrité », qu'il s'agisse d'une star hollywoodienne ou d'un dignitaire de province, les invitations tombent, votre popularité monte, et voilà qui réveille soudain l'intérêt des soupirants hésitants.

Je connais une quinqua sympa, libre et résolument célibataire qui n'hésite pas à donner le nom de ses conquêtes à qui veut l'entendre. Au début, je ne comprenais pas bien pourquoi. Mais lorsqu'un de mes amis, une célébrité de la politique, m'a dit qu'il était rentré un soir avec elle alors qu'il n'en avait pas l'envie préalable, j'ai compris qu'elle était une experte en la matière et se servait des uns pour attirer les autres.

Il y a quelques mois, pensant qu'elle voulait partager avec moi quelques festivités, ou m'attribuant (à tort) un carnet d'adresses plein de célébrités, elle me proposa de prendre un verre au Flore – que dis-je un verre, elle commanda direct une bouteille ! À chaque nom cité, mes yeux s'arrondissaient un peu plus : « Ah bon, lui aussi ? Pendant longtemps ? » Soudain, elle me demanda : « Et toi, quelle est la personne la plus célèbre avec laquelle tu as couché ? » (Je jure que c'est vrai)

Moi : — Euh…

Elle : — Comment ça, « euh » ?

L'absence de célébrité passée à l'horizontale de ma vie lui paraissait tellement incongrue, tellement pathétique que je perçus dans ses yeux alcoolisés quelque chose qui avait à voir avec de la pitié. Elle vida son verre d'une lampée précipitée et se leva en me disant qu'elle avait oublié deux choses : un rendez-vous imminent et son portefeuille.

Nous nous sommes quittées sur un « À très bientôt ».

Je ne l'ai jamais revue.

L'ex qui réapparaît

C'est toujours au moment où vous êtes en total love, et que vous entendez préserver avec votre absolue « Perlouze » une certaine opacité sur votre passé, que l'ex, survenu de nulle part, jaillit. Faisons confiance aux Google, Facebook, Twitter, ou LinkedIn (le plus pernicieux) pour les faire remonter à la surface et les laisser graviter dans des cercles concentriques que l'on aimerait parfois pouvoir siphonner vers l'extérieur.

Le voilà, au milieu d'amis communs, tout sourire, il vous voit et fond sur vous. Présentations faites, le clin d'œil complice vous énerve déjà et vous croisez les doigts pour qu'il évite devant Perlouze toute allusion au passé. Mais bon, c'est la Perlouze on a dit, il est cool.

A priori, l'ex est quelqu'un que l'on voudrait voir disparaître de la surface de la planète. En quelques phrases, vous savez pourquoi vous l'avez quitté. Personnellement, j'en ai deux ou trois dont je ne suis pas peu fière, mais j'en ai autant (plus, même) au sujet desquels je suis prête à jurer la tête sur le billot que je ne les ai même jamais rencontrés. À un moment de ma vie, j'ai eu le mauvais goût très sûr. Allez, avouez, on a toutes ça sur notre bio non officielle, non ?

Il y a cependant les bons et les mauvais ex.

Le bon ex est celui que l'on a quitté, qui l'a mal pris mais qui est resté digne et toujours un peu nostalgique de cette période où l'arrogance de la beauté et de la jeunesse vous autorisait à le maltraiter gentiment.

Le mauvais ex c'est la même chose, mais dans l'exacte situation inverse. Ce n'est pas très clair mais je suis sûre que tout le monde a compris.

Dans le cas du bon ex, la rupture s'est faite dans le calme : deux trois signes avant-coureurs, pas plus, suivis d'un dîner chic, un cadeau dans l'assiette, quelques compliments à l'apéritif et soudain, alors que la fourchette était sur le chemin de la bouche, schlack, d'un coup sec, comme chez l'ostéo, propre et sans bavure. Celui des deux qui tenait le sécateur a dit alors d'un air contrit : « Tu mérites d'être aimé(e) bien davantage », au moment même où l'autre s'est détesté de ne pas avoir dégainé en premier cette réplique pathétique. Une fois les dernières vapeurs d'orgueil évaporées, l'amitié pourra alors peut-être même prendre forme.

Dix ans plus tard, l'ex, le bon est toujours là, on a renoncé à s'en débarrasser, il fait partie des meubles. Il tape même la bise à la Perlouze comme le font les garçons entre eux sur la Rive Gauche de Paris intramuros... Il est de toutes les fêtes, et servira même le vin à table. La Perlouze n'est pas jalouse, et c'est là son moindre défaut.

En famille

Cinquante ans, c'est l'âge des bouleversements familiaux à répétition. Des choses qui se règlent mais d'autres aussi qui se dérèglent. Les enfants sont partis, les parents ne vont pas très bien. Relevons la tête et tentons de ne pas nous laisser gagner par la nostalgie qui nous guette.

Où sont passés nos enfants ?

Génie de la lampe, je veux être téléportée vingt-cinq ans en arrière au spectacle de l'école (et cette fois arriver à l'heure).

Pendant des années, ils ont rempli la maison de leur présence et de leur petite musique composée de pleurs, de rires, de cris, de sons, de courants d'air… Leur a-t-on dit suffisamment quand ils étaient petits qu'on les aimait ? Alors qu'il nous arrivait si souvent de pester contre eux pour des choses dérisoires : « Moins fort la télé, assez de jeu vidéo, ça suffit les gâteaux, arrêtez de vous disputer… »

Quel soulagement coupable nous avions le lundi matin quand la nounou arrivait ou lorsque nous les déposions à l'école ! J'ai le souvenir d'avoir souhaité les week-ends plus courts et les siestes plus longues, tant il était fatigant de gérer deux enfants en bas âge après une semaine dense de travail et de stress. Il fallait aller au parc, les surveiller, les déguiser, trouver des activités, supporter les spectacles de marionnettes... J'aurais préféré retrouver des copines célibataires pour un safari shopping, ou bien aller à un cours de danse, ou ne rien faire du tout. Alors on négociait avec les pères, et on regardait sa montre. Déjà la sieste est finie, déjà les revoilà.

Et puis un jour, ils sont grands, ils s'en vont. Ils sont partis.

Nous les avons même poussés dehors, mais, comme souvent, on a dit le contraire de ce que l'on pensait, on a fait semblant d'être ravie de ce départ. D'un coup, la maison est devenue vide de leurs bruits et nous avons commencé à regretter ce qui nous agaçait tant. Avec eux, ils ont emporté leur musique et leur pagaille, avec eux se sont enfuis les rires.

Depuis, nous passons notre vie à leur courir après, et à négocier un peu de leur présence. Nous leur proposons toutes sortes de choses, des célébrations diverses aux voyages de plus en plus lointains. Toutes les raisons sont bonnes pour partager des instants. Ils nous concèdent alors un peu de leur temps, mais c'est à leur tour de regarder la montre. Ils sont pressés, ils ont leur vie et elle se construit sans nous. Nous n'aurons même pas notre mot à dire, au mieux, ils nous tiendront informés.

Qu'allons-nous faire de tout cet amour que nos enfants trouvent encombrant ?

Certains parents prennent un chien, un chat, un amant ou des médicaments. Il nous faudra surtout du temps pour nous accommoder de leur absence et de leurs visites en pointillés.

Au bout d'un moment, un rythme et des rituels finissent par s'installer. Nous savourons désormais avec plus d'acuité, comme un cadeau du ciel, ces moments dont nos enfants ne mesurent pas la portée. Elle est loin l'époque où l'on félicitait les parents lorsque, vêtus de leur pyjama en pilou, les enfants venaient faire la révérence aux amis reçus à dîner, avant de s'éclipser dans leur chambre. Il y avait aussi une pudeur de l'enfant difficile, mais quand l'une d'entre nous se laissait aller à des confidences sur les dérives de sa progéniture, chacune y ajoutait son anecdote, soulagée de ne pas être la seule à se sentir nulle et impuissante dans son rôle de mère moyenne. Ce qui me rassure le plus en la matière est de me dire que j'ai fait mon possible. Mais la vérité c'est que j'aurais pu faire mieux.

Ne pourrait-on pas revenir un tout petit peu en arrière ?

Que ne ferais-je pour une séance de marionnettes au parc, j'ai du temps maintenant.

Ah, ce n'est pas possible ?

Aujourd'hui, nos enfants sont des réalités lointaines, abstraites. Ils sont là, et pas là. Quand on nous demande de leurs nouvelles, en deux ou trois phrases, nous résumons avec une fierté non dissimulée ce qu'ils font de leur vie. Accueillant modestement la réaction des autres : « Ah super, ah bravo. »

Nous ravalons nos reproches et évitons de leur dire que nous aimerions qu'ils appellent plus souvent, sans raison, comme ça, juste pour demander comment ça va, juste pour dire bonjour, et rien d'autre.

Non, nous nous abstiendrions.

Depuis combien de temps n'a-t-on pas appelé nos parents ?

Que faire de ses vieux parents ?

C'est vers la Saint-Quantaine triomphante, alors que certaines d'entre nous viennent de vivre de grands changements dont la plupart ne sont pas encore résolus – séparation, divorce, ralentissement professionnel, départ des enfants, ronde des amants… – qu'apparaît le problème parental.

Avant trente ans, les enfants sont le problème des parents, après cinquante ans, les parents sont le problème des enfants. Parfois, ils sont autonomes longtemps, c'est une chance pour eux et pour nous. Mais que faire quand tout dégringole ? Une inscription aux Hespérides quatre étoiles ou à l'EHPAD la plus proche, l'embauche de trois aides à domicile H24 non déclarées, une demande d'assistance auprès des services sociaux de la ville ? À moins que l'on fasse un peu de place à Papy et Mamy en leur réservant la chambre du bas ? En tant qu'enfant, nous avons un devoir de soutien. Mais ce problème va devenir celui de la famille, parce que si accueillir vos parents semi-impotents chez vous pourrait être un mauvais rêve (sauf exception), accueillir vos beaux-parents annonce un cauchemar (sans exception).

Avec un peu de chance, votre belle-mère a été assez en forme pour garder vos enfants quand ils étaient petits, mais avec encore plus de chance, vos beaux-parents, les deux, sont gentiment décédés ensuite. Que celle qui trouve que je suis horrible me décrive sa situation personnelle. Ah oui, c'est ça, t'es pas concernée.

Chance à vous si vous avez de nombreux frères et sœurs, et des moyens financiers conséquents. Dans ces cas-là, de nombreuses solutions existent. Une réunion en famille pour parler et décider s'impose.

Mais sinon, comment font les gens ? Comment font les gens normaux ?

Dans tous les cas, si vous avez cinquante ans et plus, il est clair que, mathématiquement, vos parents ne sont pas très en forme. Le problème est la tête ou les jambes, parfois les deux. Alors on rassemble tout ce que la bienveillance peut produire de mieux chez nous et on prend leur mal en patience.

Et là je cale. Parce que mettre de la légèreté et de l'humour sur les préoccupations des nouveaux quinquagénaires, c'est possible en ce qui concerne l'amour, l'âge, les rides, la cellulite… Mais être drôle en évoquant l'état de ses vieux parents, c'est compliqué.

Les problèmes de santé sont quotidiens et sans fin, parfois avec une fin qui traîne en longueur. Les mauvaises pensées sont interdites et c'est un exercice particulier que de devoir observer, impuissants, leur déchéance physique et mentale.

Un jour, mon regard sur eux a basculé. J'ai cessé de les craindre, j'ai arrêté de les plaindre et de m'interdire de les juger, comme ils me l'avaient appris ou imposé. Je les ai regardés tels qu'ils étaient, des personnes âgées, affaiblies, sans défense, verrouillées à leur histoire qu'ils servent un peu en boucle quel que soit l'interlocuteur. Leur passé qui revient sans cesse a envahi peu à peu un présent qui ne laisse de place qu'à des choses du pré-carré immédiat : « le bouillon de légumes est prêt », « le chat est sur la terrasse », « on n'a pas vu la tortue depuis trois jours », « ma cousine est passée ce matin », « c'est la seule qui soit encore en vie », « tous mes amis sont morts ». La lecture de la rubrique nécrologique du journal est la première page lue, histoire de prendre des nouvelles, et l'enterrement est devenu l'ultime acte d'une mondanité déplacée. Alors on va les voir, pour leur faire du bien à eux et à notre conscience. On les écoute ou on fait semblant de les écouter, on leur rend ce temps qu'ils nous ont donné, un temps délétère, un temps qui fait du surplace, comme soluble dans le souvenir. Ils cherchent à nous émouvoir, à stimuler notre compassion, quand on chercherait plutôt à la simuler, pour se désoler de voir qu'on n'en a pas tant que ça.

Et de se sentir tellement démunies face à leur naufrage. Et si loin. À aucun moment ils ne nous parlent de nous, de ce que nous étions, de ce que nous sommes devenues, ils ne parlent que d'eux. Nous ne sommes qu'un reflet d'eux-mêmes dont ils ont perdu le contrôle. On s'étonne de leur regard sarcastique sur la mort pour laquelle ils n'ont qu'une banale indifférence.

Comment pardonner leurs manquements, comment évoquer tout ce que nous avons tenté d'apaiser pendant des années sur tous les divans du monde ? Comment rendre plus lisse la mémoire, plus doux le souvenir ? Comment ne garder pour eux que respect et gratitude ?

À cinquante ans, on est supposé être en paix avec ses parents. Finis les griefs transfuges de nos échecs, ce n'est plus la faute de nos parents si…

Aujourd'hui, à cinquante ans passés, TOUT est de notre faute. Nos relations amoureuses tumultueuses ne sont pas une conséquence de notre éducation bancale. À l'heure de leur faiblesse, plus question de leur présenter la facture de nos névroses aux droits de succession trop lourds.

Préparez-moi un petit cocktail de médocs pour une fin choisie (dites-moi où il faut que je signe), ce ne sera utilisé que si nécessaire, ou mieux fournissez-moi en drogues dures pour savourer une fin de vie douce. Mais la maison de retraite : NON ! Y voir ma pauvre mère dans son fauteuil roulant me fend le cœur, même si elle a l'air assez contente de faire ses coloriages et ses poupées de chiffon avec des copines dans le même état.

J'espère que sous coke ou sous zéro, dans un sourire prolongé, nimbée d'une foi à nouveau sollicitée, j'aurai toujours l'envie et l'énergie de rédiger des happy billets sur mon nouveau blog HappyOcta.

Faire la paix avec ses parents, leur dire je t'aime

L'année dernière, je rejoins mon père dans le village où il vit depuis quatre-vingt-neuf ans. Il supporte mal la solitude imposée par ma mère depuis que celle-ci est en maison de retraite. Dans ses propos parfois décousus, je sens une colère qui va et vient. Pour moi qui fais de la joie et de l'optimisme un art de vivre non négociable, cette visite est une épreuve. J'ai toujours été en conflit avec lui. Aucun séjour ne pouvait dépasser quatre jours et les repas de famille devenaient des moments que je préférais éviter qu'affronter.

Ce jour-là, en l'entendant proférer contre moi des reproches un peu violents comme il en a l'habitude, au lieu de m'éloigner, je me suis approchée de lui, et lui ai dit tout doucement à l'oreille : « Papa je t'aime. »

Pourquoi ai-je dit ça ? Qu'est-ce qu'il m'a pris ?

J'ai senti que c'était le seul moyen d'arrêter son flux de griefs.

Et vous savez quoi ? Ça a marché.

Il s'est tu. Un moment silencieux s'est écoulé.

Alors il m'a regardée, comme hébété, m'a prise dans ses bras et, dans un sanglot, m'a dit : « Mais pourquoi tu ne me l'as pas dit plus tôt MAMAN ? Pourquoi ? »

J'aurais pu le détromper sur mon identité, lui rappeler que j'étais sa fille, pas sa mère, mais cette phrase révélait quelque chose de tellement énorme que je suis restée incapable de dire quoi que ce soit. C'est la relecture soudaine de toute une vie, d'une enfance en manque d'amour, la sienne, la mienne, de cette impossibilité à transmettre ce que l'on n'a pas connu. Je suis demeurée en état de sidération.

En ce moment très précis, j'ai pensé à mes enfants, et une bouffée d'amour fou pour eux m'a envahie.

Comment être spirituelle ?

La mode est à l'instant présent, à l'*ici*, dans lequel il faut s'ancrer, au *maintenant* qu'il faut vivre pleinement. Pas un magazine psy, pas un néo coach, pas une bonne copine en formation *mindfullness* n'oublient d'en faire le point d'orgue de toute forme de développement personnel. On s'exerce à être cet amas de compacité qui respire et qui cohabite avec un esprit dans l'acceptation de l'ensemble de ses émotions, de ses douleurs et de son être.

Pourtant, c'est toujours dans ces moments intimes ou méditatifs qu'inopinément apparaît le petit truc dont on se passerait et qui grippe le système. Je tente de faire un tri sélectif de mes émotions, et de remettre les événements récents encombrants à leur juste niveau hiérarchique. J'essaie d'élever ma pensée le plus haut possible sans qu'elle se prenne le plafond. En vain.

L'expérience méditation

La scène se passe dans un restaurant décoré comme on aime, dirigé par deux filles d'origine péruvienne ayant fait leurs études en Norvège. Au programme, ceviche de saumon et leçon de méditation. C'est là qu'un magazine féminin avait choisi de recevoir quelques influenceurs dans le but de promouvoir la sortie d'un disque au titre curieux et intrusif : « Habiter mon corps. »

Je reconnais être en délicatesse avec la pratique de la méditation comme toutes choses sérieuses à l'enjeu incertain, j'accepte cependant de me montrer bonne convive auprès de l'amie qui m'offre cette expérience.

Les mains posées sur les cuisses, le haut du buste bien droit, j'écoute attentivement. Je réprime à peine la levée d'un sourcil, et demeure dans cette posture interrogative impalpable, à l'écoute, en apnée, au bord de l'éclat de rire.

Ce qui est certain et reconnu par ses adeptes pratiquants, c'est que la méditation exclut toute forme d'humour. Personne n'est là pour rire. Nous sommes là pour avoir conscience de nos sensations, pour sentir, se sentir, soi et les autres. « Sentez-vous les autres ? » demande le professeur de méditation. Je me mords les lèvres en espérant tenir bon, comment font les autres pour ne pas éclater de rire après avoir reniflé ?

Pendant la séance, le prof garde les yeux ouverts, fixe un point et nous encourage à faire de même. Il porte des souliers jaunes assortis à la veste. Je me demande où on vend des pompes jaunes pour homme, et surtout qui les achète ? La réponse est là devant moi, sous mes yeux, à ses pieds.

Ça y est mon esprit s'évade, je suis en train de le perdre. Revenir à la case concentration ne va pas être si facile, surtout si je continue à fixer ce point jaune. Le professeur a un nom de médicament, je trouve ce détail rassurant. Auteur de plusieurs best-sellers, il a fondé une école de méditation qui a déjà son petit succès et dans laquelle il est possible de suivre en six jours un stage appelé : « Comment pratiquer l'amour bienveillant ? » Le personnage dégage une autorité naturelle qui lui évite toute contestation. Aussi, quand une pauvre fille lui demande à quoi sert la méditation, c'est de plein fouet qu'elle se prend une *mandala.*

« Vous vous rendez compte de la violence de votre question ? » répond-il.

Grand blanc.

« Mais pourquoi voulez-vous que ça serve ? Pourquoi faut-il que tout serve à quelque chose, ne peut-on pas se défaire du côté utilitaire des choses ? Et puis ne cherchez pas non plus à instrumentaliser la méditation, contentez-vous de méditer. »

Fin des questions. Retour à la méditation.

On me dit d'accueillir les paroles, d'accepter mes émotions, d'explorer ma pleine présence, de dire bonjour à mon corps. Je fais tout comme on me dit de faire en me laissant porter par la voix qui guide. Je me transforme en algue, j'épouse le courant, je lâche les rênes et laisse mon esprit s'envoler. Mes émotions se dissolvent et, toute à ma pleine conscience, je ne peux m'empêcher de me lancer dans un petit calcul. Je fais un décompte des succès en librairie, des disques, de l'école, des séminaires, des contrats de formation aux entreprises, peut-être des produits dérivés, et, pourquoi pas du merchandising, des documentaires, des licences, des tee-shirts… J'avais démarré par une concentration mentale, je me retrouve avec un business plan dans la tête. Je veux bien ne pas instrumentaliser quoi que ce soit, mais quand même. L'homme d'affaires qui surfe sur la vague me paraît bien malin.

Le Doux qui s'apprête demain à se manger une journée de jeûne ne sait pas encore que nous allons écouter dès ce soir le premier volet de ce disque spécial méditation.

Je vais lui proposer d'habiter nos corps avec bienveillance.

Je pense qu'il devrait être d'accord.

Le programme dure cinq heures. Nous devrions avoir le temps de faire le business plan de quelque chose dans la foulée.

Chloé, cinquante-quatre ans, habitée, multi-pratiquante

Chloé a la particularité de prendre la carte de toutes les appartenances spirituelles ou communautaires qui lui sont proposées. Son ubiquité mystique m'impressionne. Comment a-t-elle fait pour ne pas se laisser embarquer par une secte ? Ça a d'ailleurs failli lui arriver plusieurs fois. Je l'adore, et c'est mon amie de toujours pour toujours, mais je demeure un peu circonspecte face à ses propositions de distractions alternatives. Tenez, l'autre jour, elle me raconte qu'elle a une fête le samedi soir. « Chez qui ? » est la question logique qui vient toujours après cette annonce entre amies proches. « C'est une fête autour de la méditation », me dit-elle.

« Ah super, et ça consiste en quoi ? » « Nous allons en forêt pour y remercier les arbres. Nous nous adressons à l'univers. Nous recherchons les synchronicités, et le lendemain, nous regardons ce que l'univers nous a répondu. »

D'accord.

Cette amie quinqua a toujours satisfait ses besoins spirituels à la carte. Elle s'est toujours impliquée avec assiduité dans toutes sortes de mouvements mystiques ou religieux. Dans son passé, il lui est apparu comme une nécessité d'embrasser (en plus des arbres) successivement les rites de religions différentes, mais pendant un certain temps seulement, souvent le temps de l'amour. À chaque fin de tranche de vie, elle donne l'impression de résilier son abonnement pour en prendre un autre.

Ainsi l'ai-je connue pendant longtemps de confession juive, étudiant la Torah, pratiquant le Shabbat, évitant les crevettes et jeûnant pour Kippour. Bien sûr, au départ, la raison venait tout droit du pucier qu'elle partageait avec Moshé, un beau garçon, juif, et très amoureux d'elle. Celui-ci n'avait pas osé lui dire qu'en aucun cas ses parents n'autoriseraient une union maritale avec une « goy ». Après des années de vie commune et d'études rabbiniques, juste avant la conversion et le mariage, Moshé disparut, laissant ma copine momentanément inconsolable. Au milieu des différents devis de traiteurs qu'elle avait commencé à examiner, elle trouva une lettre de son ex-future belle-mère adressée à son fils qui disait qu'il était temps d'expliquer à cette pauvre fille à quel point elle perdait son temps. La lettre se poursuivait même par des suggestions de casting matrimonial.

L'amoureux suivant était un catholique fervent mais modérément pratiquant, et même si elle n'avait pas été vraiment baptisée, l'histoire se régla en quelques séances de catéchèse. Oubliés Rosh Ha Shanna, Soukot, et autres joyeux Hannoukah, il fut question désormais de veillées le lundi soir autour de l'évangile selon saint Jean et des retraites spirituelles programmées par son diocèse. Elle me proposa même de partager avec elle le pèlerinage des mères de familles de Cotignac. Trois jours de marche nourris d'une messe quotidienne, avec sacrement de réconciliation et méditation du chapelet. Le tout se terminant par une nuit d'adoration. Mon sens de l'altérité, mon éducation religieuse et une forme de curiosité m'auraient poussée à accepter, mais trois jours…

Aujourd'hui, Chloé est bouddhiste, chose que j'ai apprise il y a peu en découvrant une sorte de maison de poupée posée au milieu de son salon. « C'est l'autel », m'expliqua-t-elle. Ah oui l'autel. Bien sûr. « C'est pour vénérer ma partie "éveillée". Je viens de m'inscrire pour une retraite spirituelle dans un centre bouddhiste, ça te dit ? » Chloé se promène régulièrement dans son appartement en récitant à infini « Nam MyoHo Renge Kyo », son

Mantra, sous l'œil habitué mais toujours amusé de ses filles adolescentes. « C'est le Sutra du Lotus, précise-t-elle. C'est la force de la prière sur le mental, c'est comme si tu avais pris de la drogue. Ça remplace les antidépresseurs ou le vin. »

Je crois que je vais rester au vin.

En quête de sens

Lorsque la vie s'allège de ce qui lui prenait le plus de temps – enfants, relation amoureuse, activité professionnelle… – alors, la nature, qui a tant horreur du vide, trouve des substituts immédiats. Recréer des rituels. Réinventer des habitudes. Il y a le jardinage, l'adoption, l'écriture d'un roman, les réseaux sociaux, l'art contemporain, la reprise d'études, une passion dénichée, et puis il y a l'observance. Le religieux est une piste qui peut s'accommoder de tout le reste.

Les choix de Chloé, par exemple, sont liés à des envies d'appartenance à des communautés dans lesquelles elle trouve la structure familiale qui lui a tant manqué. Mais chez d'autres, il peut s'agir encore d'autre chose. À cinquante ans, il n'est pas rare que sa religion prenne soudainement plus de place. On retourne à l'église, à la synagogue, au temple, des lieux qu'on a un peu délaissés durant les années de construction familiale. Autour de moi, je vois plein d'exemples de ces retours de bonne foi.

Dans mes années de prime jeunesse, la messe dominicale avait fonction de baby-sitter à moindres frais. Ma mère m'y envoyait, tranquille, rassurée, et pendant ce temps-là, elle ajustait son brushing, préparait le repas, raccommodait des chaussettes… De mon côté, dans la grande église du petit village de mon enfance, devant le prie-Dieu où le nom de ma grand-mère était inscrit sur une plaque de céramique, pendant une heure et un quart, j'accumulais de menus péchés. Je rêvassais en contemplant les madones, je chantais à tue-tête le latin en phonétique, et surtout, je faisais semblant de déposer dans la sébile les pièces de monnaie destinées à la quête. Avec cet argent que ma mère me confiait, j'allais ensuite m'acheter une tonne de bonbons et me confessais des rêves, du vol et de la gourmandise. Cette pratique peu catholique a certainement développé chez moi un paquet de caries dentaires et peut-être une certaine créativité liée à tout ce temps passé dans les nuages. La messe était pour moi une sorte de sas de décompression, presque un espace de liberté.

Puis est arrivé le grand trou noir de l'indifférence à toute forme de religion. J'ai fait mon petit arrangement avec la spiritualité en général, et avec la religion catholique en particulier. Sans entrer dans le détail de mes croyances, je me sens en phase et à ma place dans les instants où, soudain, je suis comme envahie par l'apaisement, l'équilibre et la sérénité.

Ici, à Paris, nous sommes loin des homélies de mon enfance, monocordes et ennuyeuses et je revisite ces expériences autrement. Les deux curés qui se sont exprimés dimanche dernier, alors que j'accompagnais une de mes amies à la messe, étaient de jeunes quadras plutôt mignons et carrément brillants. Merveilleux orateurs, ils nous ont offert un sermon enlevé et inspiré, sans note ni oreillette, qui aurait rempli de fierté n'importe quel coach de la prise de parole en public. On dit que les églises sont désertées et que la foi va à vau-l'eau, peut-être, mais il est des endroits où le dimanche matin, dans la paix du Christ, ça se bouscule.

Des messes, j'en sors toujours l'âme lavée, l'émotion abolie, la conscience allégée et l'ivresse pénitente… pour mieux retourner sans culpabilité aucune au plus près des vanités citadines où il me plaît tant avoir des habitudes.

Il y a quelque temps, juste avant de rencontrer le Doux, écrasée par un vide menaçant, un peu blessée une fois de plus par un homme qui préférait en rester là, et influencée par ma copine qui semblait si heureuse avec ses bâtonnets d'encens et ses mantras nocturnes, j'ai été saisie par l'envie de mettre un peu plus de spirituel dans ma vie. Ne sachant vraiment pas qui prier, je me suis mis en tête d'explorer les lieux des autres cultes que le mien. Le choix fut vite fait et je ne choquerai personne en écrivant que certaines religions sont plus accueillantes que d'autres.

Au départ, je voulais séjourner dans un ashram, celui de Amma me semblait le plus sexy. J'aimais bien l'idée d'être habillée en blanc, de rencontrer Dieu et de me faire étreindre par une Indienne un peu gourou. Finalement, je suis allée dans le Kerala, seule, et me suis posée dans un hôtel sur la plage où j'ai pu déprimer à ma convenance.

Les petits plaisirs des choses simples

Pourquoi sommes-nous toujours attirées par des douleurs compliquées alors que les plaisirs simples sont à portée de main ? Chaque jour, observons les détails de ce qui nous entoure, ne laissons rien passer. Ce divertissement permet de faire le point, de prendre la lumière, et de photographier des événements plus distrayants qu'ils n'en ont l'air. Ré-enchanter le quotidien, en abolissant sa banalité, est souverain. Alors, quand j'ai une petite boule dans le ventre qui monte et ne descend pas, j'essaie de me réjouir des choses simples, presque invisibles, qui m'environnent.

S'émerveiller d'un soleil levant, remarquer l'effluve d'un parfum, fouiller dans sa mémoire (mais où l'a-t-on donc déjà rencontré ?), se concentrer sur le goût des mets et sur celui d'aimer, s'amuser du « Et avec ceci ? » du commerçant, être intriguée par les drôles de gants que porte le touriste japonais en guise de chaussures, laisser son regard se perdre dans la perspective d'une rue, décider de photographier mentalement un paysage qu'on n'oubliera jamais, se griser de la lenteur de cette observation infiniment discrète, lever la tête et découvrir ce qui est beau. Penser à noter un truc remarquable par jour. Ou deux.

Et puis se satisfaire de ce que la vie nous offre, et par-dessus tout, « s'émouvoir » de la gentillesse d'autrui. Une émotion qui tombe à pic car, au moment où j'écris ces lignes, l'adolescente de la maison qui vit avec nous la moitié du temps m'apporte un thé japonais et des biscuits au chocolat. Elle n'est pas obligée et sa bonté me bouleverse. Mais bon, elle n'est pas la fille du Doux par hasard.

En parlant de ça, l'autre jour, ma copine Chloé, qui change de religion comme de mari, m'a expliqué à quel point ça lui faisait du bien de distribuer des sourires dans la rue. « Comment ça, distribuer des sourires dans la rue, tu distribues à qui ? » « Ben je souris aux gens que je croise. Ça fait un bien fou, tu devrais essayer, c'est une façon d'exprimer sa gratitude au monde. » Chloé est une très jolie femme et je m'amuse du malentendu qui pourrait naître chez les hommes qu'elle croise dans la rue et à qui elle sourit comme ça, sans raison, et sans ambiguïté. En ces temps où l'on n'a jamais autant parlé de harcèlement de rue et de zone grise du consentement, est-ce vraiment une bonne idée ? Je ne me sens pas encore prête à expérimenter tout ce qui peut faire du bien à autrui…

La mode

Ô génie de la lampe, faites que je conserve toujours la même taille rien que pour pouvoir garder mon costume Dior époque Hedi Slimane, acheté plein pot le premier jour des soldes.

Comment faire le tri ?

Notre idée du style repose sur trois influences : la presse, la rue et les amis. À cela viennent s'ajouter deux facteurs : notre budget, sans lequel rien n'est possible, et l'idée que nous avons de nous-même.

À la cinquantaine, nous n'avons plus le même rapport à notre corps, à la mode et aux vêtements, que celui que nous avions à vingt ou trente ans. Aujourd'hui, il est légitime de s'interroger sur la limite d'âge pour oser le legging, la minijupe, les cuissardes, le sans-armature, le dos nu (sans soutien-gorge)…

Qui va nous dire qu'il est trop tard ? La bonne copine ? « Ma biche, cuissardes et minijupe, c'est compliqué après quarante ans et au-dessus de la taille 40. » Qui peut donner l'avis vraiment objectif, neutre et bienveillant ?

Un jour ou l'autre, ou progressivement, nous finissons toujours par faire le deuil de nos tenues de jeunes filles. Mais il est tellement difficile de résister à l'habileté qu'ont les fabricants suédois et espagnols de remplir nos armoires de vêtements que nous ne mettons quasiment jamais !

Aujourd'hui, les achats récents relèvent du « tout-venant sans risque » que l'on mêle à nos antiquités personnelles. Les années les ont accumulées telles des strates de sédimentation bien serrées dans les armoires et nous n'avons pas su, ou pas pu, nous en débarrasser. Toutes ces vieilleries inutiles et démodées dont nous ne savons que faire ne sont là que par la grâce d'une griffe ou la persistance d'un souvenir. Comment arriver à se défaire de la présence sentimentale de ce tailleur Alaïa offert en 2002 ? Ou de ce pantalon en taille 36, à nos côtés depuis trente ans, et que nous espérons pouvoir reporter un jour en respirant normalement ?

Il faudrait parvenir à se séparer des tenues qui ne sont plus adaptées à notre âge qui croît, à la mode qui change, à notre silhouette qui s'épaissit dès qu'on baisse la garde, et à notre activité professionnelle qui évolue.

Comment ?

C'est très difficile.

Il faudrait se faire cambrioler.

Ça arrangerait notre absence de décision concernant toutes ces fringues sur lesquelles nous n'avons aucun avis. Ces vêtements que nous ne portons jamais, qui ne veulent pas partir, et qui sont là, collés à leur cintre.

Vendre est ce qu'il y a de mieux. Deux actions en une, vous désengorgez l'armoire tout en gagnant de l'argent, un peu de corps gras dans les légumes verts n'est pas interdit. Les sites spécialisés prendront vos vêtements – enfin pas tous, attendez-vous à être vexées de ce que votre ensemble Kenzo que vous avez tant aimé soit refusé avec une mention polie du genre : « Nous ne pouvons accepter votre vêtement qui ne correspond pas à l'esprit de ce que nos clients attendent », autrement dit « on n'en veut pas de ton truc démodé ». Le problème de la vente en ligne c'est le temps. Il faudra faire des photos, décrire l'objet, définir un prix, comparer avec les produits du même type, et attendre. Jeter, c'est bien aussi, c'est l'attitude des paresseuses. Mettre tout ce qui dépasse dans un sac poubelle de cent litres et, hop, sur le trottoir. Attention, la démarche est souvent impulsive et peut susciter le regret éternel.

C'est justement pour nous prémunir du regret que nous gardons tout. Il faut d'abord virer l'idée du regret pour mieux virer ses vieux vêtements. C'est pareil en amour. Donnez ! Donnez-vous la peine de donner. Vous faites plaisir, et un merci est toujours bon à prendre. Ou alors descendez à la cave avec l'espoir d'exhumer un jour ces tonnes de vêtements, au prochain déménagement, quand vous serez enfin prêtes à les vendre, les jeter ou les donner.

Je me rends compte que plus le temps passe et moins j'ai la fièvre acheteuse, moins j'attends les soldes avec impatience, moins j'ai l'envie de shopping. Au contraire, je me dis plutôt « tiens, c'est déjà les soldes », comme un marqueur saisonnier du temps qui passe. Mais malgré mes efforts surhumains pour me débarrasser de mes vêtements, je continue à remplacer et regarde effondrée mon dressing qui explose, et mes commodes qui ont cessé de l'être tant elles sont pleines.

À quoi bon assécher la planète pour produire plus de laine, plus de coton, tout ça pour porter toujours les mêmes habits ? La mode aujourd'hui c'est surtout de ne pas courir après l'accumulation. J'ai deux ou trois tenues qui sont *moi* et dans lesquelles je me sens bien. Parce qu'à mon âge, je ne sais pas si je me suis trouvée, mais je sais ce qui me va, et ce dans quoi j'aime me montrer : un jean, une marinière, une veste. Une matière et une longueur de manches différentes selon la température, et des talons ou pas selon la distance à parcourir en marchant.

Une jeune femme de cinquante ans toute en couleur

Cosy est une femme de cinquante (et quelques) des plus rayonnantes que je connaisse. Belle, drôle, solaire, son humour et son esprit transforment n'importe quelle ambiance plombée en moment de fête. J'ai toujours pensé que sa bonne humeur égale relevait d'une éducation, d'une politesse, d'une délicatesse, qu'elle accorde au monde. Elle a la pudeur de ne pas se répandre ni se plaindre et ne dénigre jamais personne. Elle a aussi ceci de particulier : elle ne porte que des vêtements de couleur.

Nous vivons dans une dictature du noir, et je dois avouer m'y soumettre trop souvent, par paresse, certainement. Cosy prouve qu'il est possible d'être élégante en couleur. Une audace à contre-courant qui exprime un style singulier et joyeux. La couleur c'est la gaieté, c'est la lumière. En période de soldes, elle se lâche sur un manteau vert vif, un pantalon jaune, un pull rose tyrien, une veste bleu indigo, bref, des choses que personne n'achète. Elle dit que la couleur donne bonne mine, que c'est son astuce gaieté, qu'on la voit de loin, qu'on ne l'oublie pas.

Moi je dis que Cosy c'est la reine d'Angleterre.

À quoi ressemble la lingerie d'une jeune femme de cinquante ans ?

À cinquante ans, ma mère portait déjà des gaines. Elle avait aussi des culottes immenses qui devaient lui arriver sous les bras, et qui me paraissaient bien étranges. Je voyais ces dessous suspendus sur la terrasse, volant au vent, en me demandant si à son âge je devrais moi aussi faire subir des trucs comme ça à mes enfants, mon mari, ou mes amants. Remarquez, c'est à ce genre de détails que j'imagine qu'elle ne devait pas en avoir tellement.

Aujourd'hui, la jeune femme de cinquante ans porte encore parfois un string, même si elle trouve ça terriblement inconfortable – ce qui est d'ailleurs le propre du string. Alors elle ne l'enfile qu'en certaines circonstances : la danse, le pantalon de lin blanc ou le fourreau très moulant… Paradoxalement, le string n'a d'intérêt que s'il est vu, voire aperçu, mieux imaginé, alors que l'idée de départ est justement d'éviter les marques sous le vêtement, ce qu'entre nous permettent également les culottes un peu montantes, d'une taille au-dessus de la vôtre.

Côté soutien-gorge, mes yeux d'enfant voyaient en ceux de ma mère des tentes indiennes – mais, peut-être que par le prisme d'une réalité augmentée, je voyais tout beaucoup plus grand. Elle n'était en tout cas pas du tout aussi enrobée que sa « lingerie » pouvait le faire croire. Ces objets coniques étaient plutôt de couleur chair et dans une double matière, mat et brillante, qui ressemblait à du bois. Maman, pardonne-moi d'étaler en ces lignes les détails les plus intimes de tes « Cœur Croisé » – celles nées dans les années 1950 ou 1960 comprennent de quoi je parle, de même que les fans de Madonna ou de Jean-Paul Gaultier… Je suppose que cette absence de variétés de produits était liée à ce que l'on trouvait à l'époque dans les magasins de province.

Et aujourd'hui, nos soutiens-gorge, ils ressemblent à quoi ?

D'abord un constat : sans avoir besoin de recourir à une opération mammaire, nous avons pris une bonne taille de sein en quelques années. En dehors des sportives, des anorexiques, ou de celles touchées par les épreuves amoureuses ou chirurgicales qui mettent à plat, ce sont toutes les femmes qui, après cinquante ans, sont concernées par un changement de taille de bonnet. Ainsi passe-t-on du A au B, ou du B au C. Dans un sens, peu s'en plaignent et nous considérons cette modification physique (nous et nos partenaires) comme un avantage.

Mon tiroir à lingerie est à l'image de mon dressing et de mes caprices : il est composé à 90 % d'ensembles coordonnés en dentelles ravissants à l'inconfort garanti, comme on aime (comme il aime), et qui n'ont pas vocation à être portés, en tout cas pas la journée. Ils sont réservés à des moments privilégiés. Les 10 % restant se portent, mais ne se montrent pas. C'est un peu comme notre cerveau, on ne se sert, paraît-il, que de 10 %, le reste, c'est pour la déco.

Le tout-venant de mes sous-vêtements se compose au quotidien de culottes de coton à petites fleurs une taille au-dessus, que je marie, de façon très désassortie, avec un soutien-gorge thermoformé en mousse dans lequel mes seins se tiennent à carreau. Résultat : cinquante ans, seins nickel et jamais de marques visibles au niveau des fesses.

La beauté

Ô génie de la lampe, faites que le progrès en cosmétique soit connu de moi d'abord, des autres ensuite, mais bien plus tard.

À vingt ans, on remarque surtout la fraîcheur d'un grain de peau et le lisse du contour des yeux. À cinquante ans, c'est l'âme, le regard, le charme, et l'esprit qui s'imposent. L'humour, la gentillesse, la bonne humeur, l'écoute, la douceur, l'intelligence sont des « lisseurs » d'âge, naturels et gratuits. À cinquante, on a le visage qu'on mérite, le résultat du mélange de l'histoire du passé et de l'état du présent. Celles qui n'ont pas su éviter le soleil et la cigarette prennent cher, les autres se félicitent de s'être protégées et de n'avoir jamais fumé.

Par ailleurs, il me plaît de croire que ma peau est beaucoup mieux que ce qu'elle aurait été si je n'avais pas consacré en cosmétiques la valeur équivalente en euros d'un studio dans un arrondissement émergent de Paris. Mais avec le temps, je me suis un peu calmée. Désormais, l'usage de crèmes de beauté relève pour moi du bon sens. Mettez du gras sur du sec (sur du cuir, par exemple), la surface est forcément plus souple après. Voilà pourquoi je me badigeonne tous les jours de crèmes qu'on pourrait presque appeler pommades tant elles sont épaisses et grasses. J'enduis, je luis, et je colle si on m'embrasse avant 10 heures du matin, mais j'aime me sentir bien hydratée.

Un jour, j'ai eu une révélation. Non, je vous vois venir, je n'ai pas découvert la substance idéale, réparatrice, protectrice, anti-âge, repulpante ou régénérante. À un moment de ma vie, il m'est simplement apparu comme une évidence que je devais cesser d'être convaincue que plus un produit était cher, plus il était efficace. Le coût élevé d'un cosmétique ne se justifie que si le flacon est de la même couleur que vos carreaux de salle de bains ou si la part onirique qu'il véhicule vous embarque loin.

Mon conseil, ne garder que l'essentiel : une eau micellaire, une huile démaquillante, une crème nuit jour bonne à tout faire, un écran total par-dessus, un lait pour le corps fluide, et les quelques ustensiles accessoires indispensables à avoir en triple exemplaire, comme les pinces à cheveux et à épiler, pinceaux de taille diverse, et ciseaux à ongles.

L'achat compulsif de cosmétiques en tout genre fait partie du rêve, et le rêve, s'il n'est pas toujours efficace, est toujours indispensable. Donc, régulièrement j'entre dans un Sephora et n'en sors que deux heures plus tard, tartinée, parfumée, poudrée, heureuse d'avoir craqué sur les produits qui m'ont fait envie, et dont j'ai aimé le nom, la promesse, l'odeur, la texture ou le packaging. Je sais, tout cela n'est que paradoxe, et après tout, pourquoi pas.

Le miroir grossissant en un seul exemplaire est suffisant, car c'est l'objet beauté le plus atroce. Pas parce qu'il est laid mais parce qu'il révèle des vérités dont on se passerait. Si vous êtes fragile psychologiquement, mieux vaut le bannir de sa salle de bains, n'en rajoutons pas. Non, le miroir grossissant (× 7 est le minimum) n'est jouable qu'accompagné d'antidépresseurs ou d'un estomac bien accroché. Et en même temps, ne vous couvrez pas la face si je puis dire, il est nécessaire pour les détails que les autres pourraient voir avant vous : comédon, angiome, naevus, tache, poil souscutané…

Mais surtout, la hantise de la quinqua, le truc qui rend dingue, qui revient toujours en force, qui s'endurcit avec le temps, qui croît sans arrêt et qui ne se calme qu'avec un coup de bistouri ou un rayon laser, c'est le poil égaré.

Heureusement, dans son infinie bonté, Dieu a fait aussi des quinquagénaires des presbytes en devenir.

À partir de cinquante, juste après le « Comment vas-tu ? » et « Qu'est-ce que tu deviens ? », le « Toi t'as fait un truc ? » est la troisième question qui vous sera posée dans les cinq minutes par une bonne copine qui ne vous a pas vue depuis plus de six mois, et qui vous trouve bonne mine.

Comme l'infidélité en amour, n'avouez jamais.

Tu fais quoi ? Quoi, quoi ? Ah non, moi rien, jamais rien.

Mais c'est l'amour alors ?

Ça doit être ça

Putain de Doux, doit se dire la copine

Ce que vous faites ne regarde personne. Non mais.

Cependant, puisque ce livre est aussi un recueil de confidences, je dois avouer que j'ai fait dans un passé pas si lointain un tout petit peu, presque rien, juste une pichenette symbolique. Pourquoi est-ce que je m'étais sentie obligée de le faire ? Par politesse, par amour, par coquetterie, par respect, par envie de s'optimiser, par ce que vous voulez. Je me suis toujours dit que si on ne faisait « rien » on risquait d'avoir l'air d'être les grands-mères de nos copines. Donc ma recommandation a toujours été de « faire », mais de faire « un peu » seulement – de façon excessivement modérée, si vous saisissez la portée de l'oxymore.

Je suis du genre à dire à mon dermato en préambule, l'aiguillon prêt à me pénétrer (le Doux trouve que j'exagère parfois) : « Il est hors de question qu'on remarque quoi que ce soit s'il vous plaît, je vous paie mais ne faites (presque) rien. Faites-moi croire que vous faites quelque chose, injectez-moi de l'eau, ça ira. » Une folle !

Attention aux faux pas : ne jamais se rendre chez son dermato un jour de grande déprime, et, comme pour le coiffeur, ne jamais donner carte blanche, de toute façon, ce n'est pas celle qui est blanche qui l'intéresse. Je m'amuse de certaines qui disent « esthéticien », comme les Anglo-Saxons, c'est plus chic, plus spécifique et plus $$$. « Dermato », ça fait un peu acné, verrues, psoriasis, « chirurgien plasticien » est la dénomination utilisée par les praticiens seulement (personne ne dit je vais chez mon plasticien) ça fait hôpital, scalpel, anesthésie, tandis que « esthéticien », bien qu'étant le masculin d'esthéticienne, c'est assez la classe, non ?

Peu importe chez qui l'action se passe, le Doux m'interdit de faire la moindre injection, il dit que ça se voit, que ça vieillit, que ça contraste toujours un peu avec le cou ou les mains, que ça fait bizarre et que, dans la mesure où la nature et la génétique ont été plutôt « cool » avec moi, il faut laisser ça aux comédiennes, aux riches et aux désespérées. Trop de piquouzes trahit l'une de ces trois caractéristiques, certaines combinant savamment le cocktail des trois.

La difficulté est d'avoir le jugement juste. Si vous trouvez que votre paupière est molle, ce que vous êtes peut-être la seule à voir, dites-vous qu'elle s'affaisse juste assez pour effacer la dureté du regard. Et cette petite ride qui n'y était pas il y a encore quelques mois, voilà qu'elle semble plus creuse ce matin. Possible, et alors ? Vous allez vous observer comme ça tous les jours ? Autant prendre un knout et s'auto-flageller.

Je vous ai déjà conseillé de miser sur d'autres choses non périssables, pensez-y, et n'oubliez jamais que la douceur de l'âme sait se montrer sur un visage, au lieu d'en creuser les traits, elle les adoucit, et oui, c'est possible, parfois l'âge réussit cela.

Comment prendre soin de soi ?

S'obliger à détester le soleil. À cinquante ans – et c'est encore mieux si on a adopté le réflexe dès l'âge de trente ans –, plus jamais, jamais, jamais de soleil sans un écran total sur le visage, le cou, et le dos des mains. Non seulement l'été, mais toute l'année, et aussi à l'ombre, même l'hiver, presque la nuit. Le soleil c'est merveilleux, mais il n'existe aucune autre option que de renoncer. C'est bon, nous l'avons suffisamment pris dans les années 1970 ou 1980 quand notre capital de mélanine pouvait encore le supporter. On se badigeonnait de graisse à traire, nous rougissions, et nous pelions comme un oignon. Heureusement, la mode est passée et surtout le produit a vite été interdit. Trop tard pour certaines, celles nées dix ans plus tôt.

Parfois, après une bonne nuit, une journée tranquille, un bon maquillage et très peu de lumière, certaines personnes bienveillantes, qui connaissent mon année de naissance, me créditent de quelques années de moins. Alors j'ai droit à des flatteries dont je ne tiens pas compte car je sais à quel point, à plus de cinquante ans, on paraît très vite moins frais à la moindre incartade, alcool, veille, excès d'étés, excès divers.

Je les entends cependant me demander : « Mais quel est donc ton secret alors que tu bois souvent, fumes parfois et ne dors jamais ? » Je livre alors mes bons plans en fonction de mes découvertes du moment. Tous les matins, je mange du granola fait maison (amandes, noisettes, flocons de plusieurs céréales, fruits secs, sirop d'agave, huile de noisette, d'olive, de coco, gingembre, muscade, sel, trente minutes au four en remuant de temps en temps) avec du lait d'amande, j'avale ensuite une Spiruline (une algue aux vertus souveraines), deux fois par an, je fais une cure de magnésium et de fer, et je n'oublie jamais ma petite ampoule de vitamine D avant l'hiver. Par ailleurs, je suis tout le temps en train d'essayer de nouveaux compléments alimentaires : le dernier en date est le collagène marin, efficace paraît-il pour l'élasticité de la peau. Il faudrait un tome deux à ce livre pour vous en certifier les effets. Dans l'ensemble, j'aime la consommation d'aliments de couleur : tomates, betteraves, myrtilles, cranberries… qui me donnent l'impression d'avaler de l'énergie.

En fond et enfin, pour une bonne santé et une belle peau, je ne peux que conseiller d'associer à une pratique sportive biquotidienne (et courte) une activité sexuelle bihebdomadaire (et longue). Et au moins une fois par jour : se marrer, même si…

De l'inconvénient de rire

S'entraîner à ne pas rire inutilement : les filles qui rient trop, trop souvent et trop franchement, sont plus ridées que celles qui sont dans la gravité.

Je connais une quinqua qui simule un rire affecté qu'elle parvient à exprimer sans bouger la bouche. Elle émet un petit gloussement assez charmant (mais bizarre quand même) qu'elle accompagne de la gestuelle d'une main un peu suspendue qu'elle pose contre sa bouche immobile. Dans le même temps, le cou se plie et la tête se baisse, de sorte qu'on ne voit pas l'élargissement de ses commissures. Elle n'est pas ridée du tout, et ne prend jamais le soleil, n'a jamais touché une cigarette, et n'a pas d'amoureux.

Une autre de mes amies, du même âge, a fumé toute sa vie comme un sapeur, rit de façon un peu hystérique à chaque virgule (le Doux dit que c'est bizarre, moi je trouve que ça la rend sympathique et son rire est plutôt communicatif), a passé sa vie au soleil, se moque de l'avis d'autrui, refuse de se faire injecter quoi que ce soit, sauf de la part de ses amoureux (le Doux qui, en certaines circonstances, ne s'en plaint pas, me trouve parfois un tout petit peu vulgaire).

Autant dire que si mes deux copines ont le même âge, elles ont l'air d'avoir trente ans de différence. Bien sûr, c'est une boutade, car se marrer, il n'y a rien de mieux, et ça rend heureux. Entre ride et rire, c'est tout choisi ! Même s'il m'est déjà arrivé de dire au Doux dans un hoquet : « Arrête de me faire rire, tu bouscules mon derme, tu secoues mes téguments. »

À l'est des dents

Dans le fond, le sourire est quelque chose que nous pouvons maîtriser.

Dans la forme, c'est le dentiste qui va s'en charger.

Attention à ne pas bouleverser votre architecture buccale, la disruption dans l'alignement est le petit défaut dentaire qui fait que c'est vous, au sens holistique du terme, et non un moulage stéréotypé qui renvoie aux hominiens d'en face la certitude que vous n'allez pas les mordre. Le léger défaut dentaire fait gagner en personnalité ce qui se perd en perfection. Considérez-le comme un avantage, aimez-le. Cette canine légèrement décalée, pas vraiment dans l'axe, gardez-la, c'est le grain de beauté de Cindy, les dents écartées de Vanessa, le nez de Rossy.

Mais si, à cinquante ans, vous aimez le thé, le café, le vin rouge, les cigarettes et les myrtilles, et que vous n'avez jamais pris la peine de faire ce qu'il fallait, vos dents ont forcément la couleur d'un Vélib'. Vous pouvez toujours assumer votre sourire sombre, ou bien copier la gestuelle de la quinqua qui glousse ci-dessus la main devant la bouche, mais vous pouvez aussi éclaircir l'ensemble d'un demi-ton (allez, d'un ton si vous venez de loin), vous ne vous en porterez que mieux.

Attention au trop, au blanc optique qui fait américain, aux dents bleues qui font baisser de dix centimètres le regard de votre interlocuteur. Restez subtiles. Mais des dents légèrement plus blanches, ça fait propre, ça fait jeune, c'est frais !

Faut-il garder ses cheveux blancs ?

Blanc c'est pour les dents, pas pour les cheveux.

Le premier cheveu blanc apparaît souvent au milieu des années quarante. Après l'avoir arraché rageusement, on s'est rendu compte que les cheveux blancs se reproduisaient plus vite que les autres. Pour un arraché, il en pousse trois dans le mois. Le cheveu blanc est plus épais, sa texture est différente, sa silhouette bancale avec son côté ni frisé ni raide. Il est une désolation par le fond et la forme. Au premier Diacolor, vous mettez alors le pied (ou plutôt la tête) dans un dispositif qui va durer trente ans. L'effet capillaire naturel et brillant propre à la jeunesse ne s'obtiendra plus désormais qu'à l'aide de produits divers dont on espère trop. Huiles, silicones, masques à la kératine, promettent beaucoup. Le résultat ne sera jamais parfait et, au cours des années, vos cheveux auront tendance à frisotter de plus en plus. Seules les blondes d'origine à cheveux raides ou les Asiatiques ne rentrent pas dans ce circuit. Allez savoir pourquoi toutes les autres sont vouées à vivre avec une chevelure de plus en plus mousseuse. Cela dit, s'il y a bien une règle chimique et statistique, c'est qu'on devient de plus en plus blonde avec les années, la rencontre du soleil avec les teintures répétées y est pour quelque chose.

Côté capillaire, j'ai de la chance, j'ai les cheveux de ma mère : épais, drus, de vraies cordes de violon.

Mais pour vigoureux qu'ils soient, ils subissent aussi du temps les outrages. Alors bien sûr, là s'affrontent deux écoles. Celles qui assument leur blancheur capillaire et l'âge qui va avec, qui n'ont plus à dépenser quatre-vingts euros toutes les six semaines à risquer la phlébite en lisant les potins de célébrités et qui finissent un jour de guerre lasse par faire un bouquin pour justifier ce ras la casquette en tentant de relancer la mode. Et les autres dont je fais encore partie. C'est donc soit le coiffeur, soit le kit racines acheté en supermarché pour moins de huit euros, option qui représente outre la discrétion de ne pas avoir à s'exposer en vitrine coiffée d'une boue kaki, une économie substantielle de temps avec ses dix minutes de pause.

Cela n'a rien à voir avec la peur de vieillir, c'est juste que masquer ses cheveux blancs relèverait presque d'une forme d'hygiène de soi. J'avance à petits pas dans cette prise de position, car l'effet Sophie Fontanel a décomplexé des milliers de femmes, désormais fières d'elles. Pas de problème avec cette idée, si elle peut faire du bien à certaines. Je crains juste de voir défiler, le poing en l'air, des femmes fières de leur particularisme assumé. Les fières de leur acné, de leur moustache, ou de leur cellulite. « Eh ben oui, j'ai les dents jaunes, et j'en ai rien à foutre ! »

Ne pas masquer ses cheveux blancs c'est un renoncement que l'on comprend ou que l'on explique seulement lorsqu'il est lié à quelques facteurs : élan mystique, chimio, port du voile, peine de cœur, soixante-dix ans, précarité…

Dans ces cas-là, il n'y a pas de discussion.

Les femmes de cinquante ans et les femmes en général sont de plus en plus nombreuses à assumer leurs cheveux blancs. La démarche est déterminée, gonflée, d'une audace respectable, elle est presque un bras d'honneur. Mais à l'attention de qui ?

Cette posture devient aujourd'hui le symbole de l'affirmation de soi, presque « le truc à la mode » qui est en passe de mettre au chômage des centaines de coloristes professionnels, métier qui pourtant échappe à l'ubérisation. Car, et peu me contrediront, s'il est possible de se faire sa propre coloration, il est bien plus pratique de la faire exécuter par la main de l'homme (ou celle de la femme).

Pour moi, garder intacts et naturels mes cheveux serait compliqué car ils ne blanchissent que du côté gauche. Je n'ai aucune envie qu'on me surnomme Cruella. C'est donc exclu. D'autant que j'aurais l'impression de me promener nue, ou de me balader avec un truc collé sur le front et qui clignote, à savoir : ma carte d'identité. Une façon de signifier à ceux qui vous croisent, au cas où ils ne l'auraient pas remarqué, que vous avez atteint cet âge charnière où l'on baisse les bras.

Renoncer à masquer ses cheveux blancs, c'est renoncer à essayer de paraître plus jeune ou moins âgée. On vous dira que c'est aussi accepter son âge, oui, mais dans ce cas-là où est la limite entre le soin de soi et l'obsession impérieuse de la jeunesse ?

Pour ma part, je place le curseur au milieu : entre un soin de soi +++ et une obsession du paraître - - -.

Chez ma mère, ce « renoncement » est survenu à l'âge de quatre-vingt-deux ans, quand elle s'est dit qu'elle en avait fini avec les colorations qui lui grattaient la tête. Chez une de mes amies, il est arrivé l'année de ses cinquante ans qui fut aussi l'année de son *coming out*. Chez une autre, cette envie de naturel s'est traduite par la mauvaise gestion de sa ménopause qui s'est accompagnée d'une prise de poids d'un niveau irréversible. Demain le poids, après-demain les poils, la dégringolade est infinie.

Garder ses cheveux blancs, porter des lunettes de vue et un tailleur jupe marron en tweed (à la taille élastique), une paire de mocassins en semelles de crêpe, et roulez vieillesse ! Vous êtes au top pour prendre rendez-vous avec un spécialiste du viager.

Ce moment arrivera un jour, forcément. Alors je n'achèterai plus de magazines féminins, je ne porterai plus de chaussures à talons, et je ferai de grosses économies de cosmétique.

Confort et praticité sont les cousins ennemis du futile ravissant. Nous avons besoin de faire attention à nous parce que nous sommes vivantes, parce que nous nous aimons un peu plus comme ça, et que si on y rajoute des choses qui ne se démoderont jamais comme l'élégance et le sourire, c'est encore meilleur.

Alors on fait quoi ? On garde ses cheveux blancs ou pas ?

Oui si vous avez trente-cinq ans.

Oui si vous avez 200K followers sur Instagram et si vous pouvez faire de cette démarche un livre, un succès, un 20 heures, et suffisamment d'argent pour compenser ce désagrément capillaire lié à l'âge.

Donc oui.

Mais non !

Car, mode ou pas mode, le cheveu poivre et sel incarnera toujours une personne plus âgée.

J'entends les féministes qui se lèvent comme un seul homme, et me disent : « Eh, t'es en train de faire le lit du machisme le plus lamentable là, on commence comme ça et on finit avec des faux seins et des lèvres en canard. Tu joues à quoi ? Et les hommes alors, ils sont sexy avec leurs cheveux blancs ? »

Je sais, c'est injuste que les hommes soient considérés comme charmants avec leur calvitie et leurs cheveux blancs. Mais ça change, je commence à en voir de plus en plus chez mon coiffeur, planqués au fond du salon, avec la teinture sur les tempes et le regard qui vous évite. Le tableau me donne toujours envie de sourire, de voler un cliché et de le poster sur Instagram (une chose que je n'ai encore jamais osé faire).

Mais pourquoi ne puis-je empêcher un jugement personnel sur cette démarche masculine encore peu commune ? Pourquoi est-ce que je considère que, pour une femme, se teindre les cheveux est un acte d'attention de soi, et que pour un homme, cela aurait tendance à déviriliser son image ? Du moins à mes yeux. Pourquoi trouvons-nous normal d'avoir à faire des efforts, nous ?

Je sens que, tout comme de nombreuses femmes de ma génération, je ne suis pas encore prête à poursuivre la révolution féministe menée tambour battant par de jeunes quadras. Mon surmoi est plus fort que tout, mon éducation trop ancrée, trop méditerranéenne. Serais-je victime d'un mode de pensée qui aurait imprimé dans ma tête (teinte) que les femmes doivent lutter pour rester minces, jeunes, belles et sexy quand les hommes doivent surtout dégager de la puissance pour mieux nous protéger ? J'observe les défricheuses avec admiration. Je compte sur elles, et sur vous, les millennials, pour bousculer ces archétypes de la séduction, et changer le regard, le jugement et le désir.

Comment convaincre le monde qui nous entoure en général et la presse féminine en particulier de faire évoluer les règles de la beauté et les codes du sexy ? Les pages des magazines me font parfois hurler et me confirment que les rédactions s'obstinent à présenter des femmes une image à la frontière de leur dignité. Mon magazine préféré, celui que je lis depuis que je sais lire, montre en couverture une fille à l'air un peu bête avec sa bouche entrouverte, dans une position provocatrice, cuisses nues. Pourquoi ? Revoir les paradigmes de la femme devrait être le combat de celles qui se prétendent notre porte-parole.

Pour un petit poids

Ô génie de la lampe, faites que rien ne me profite.

Dans l'ère du renoncement, nous proclamerons haut et fort l'arrêt définitif des « coups de frais coûteux », l'abandon de l'utilisation biquotidienne du pèse-personne et la reprise de petits plaisirs auparavant interdits comme les pâtisseries au goûter, le Coca Classique, ou les chips au vinaigre de l'apéro. Enfin débarrassées des considérations de notre enveloppe charnelle, nous ne serons désormais qu'un roseau pensant posé sur la pente glissante d'un appétit non réprimé, et d'une indifférence aux choses de la séduction. On se laissera tranquillement grossir avec le sourire provocateur de celles qui n'en ont plus rien à faire des bourrelets, des capitons, de la peau d'orange et flétrie. Sortir du jeu amoureux nous apportera cette liberté.

Mais avant d'en arriver là, la jeune femme de cinquante ans mènera sans relâche le combat pour garder la ligne et l'envie des mets qui n'est jamais loin de celle d'être aimée.

Quelques réflexions en vrac sur le poids :

Gagner du poids, c'est le risque de perdre en confiance.

Grossir un peu, c'est vieillir beaucoup.

Le poids c'est comme la température. Il y a le réel et celui ressenti.

À poids égal, avoir des copines plus grosses rend heureuses, avoir des copines plus minces est sans aucun doute un facteur de déprime. Les femmes ne rêvent pas de rencontrer le prince charmant, elles rêvent d'abord de manger sans grossir. Un truc dont on se vante avant cinquante ans et qu'on espère toujours ensuite, en vain.

À vingt ans, on grossit en mangeant des Mac Do, à trente, en mangeant des pâtes, à quarante ans, en avalant une pomme, à cinquante ans en buvant de l'eau, à soixante, on grossit en respirant. Le poids a sa vie, il a quelque chose de mathématique, d'exponentiel, d'inévitable. Alors garder l'œil sur la balance et la main sur son poids est un contrôle toujours souhaitable, une attention de soi qui va avec la teinture des racines et le pantalon taille 38.

Sans attention particulière quasi quotidienne, sans activité sportive digne de ce nom, le tarif syndical après cinquante ans est d'au moins 500 grammes par an. Plus tard, le poids va se stabiliser, mais quand la morphologie de « l'après » s'installe durablement, il est trop tard. Les kilos se sont incrustés. Alors bien sûr, rien de très grave. Changer de garde-robe n'est jamais qu'un problème financier, mais quand même, repositionner son image et s'accommoder d'une nouvelle silhouette, tout ça en gardant le sourire, n'est pas si facile.

En dehors de quelques déréglées de l'hypophyse, nous sommes donc toutes plus ou moins au régime après cinquante ans, et celles qui ne le sont pas et restent minces sont priées de se montrer discrètes.

Donc, il n'y a qu'une seule solution définitive et mentale : ne pas baisser la garde. Et en même temps, bien vivre, profiter des bonnes choses. Mais comment être rassasiées sans que la peau du visage ne se flétrisse à la vitesse de la lumière ?

Perdre quelques kilos est possible, mais les gagner est tellement plus facile ! Il existe des solutions, des régimes, et des stratégies. À chacune la sienne. La mienne est de me bourrer de choses qui ne font pas grossir et qui sont pleines d'eau. Le sentiment de satiété est immédiat et même s'il ne dure pas, il vous aidera à tenir jusqu'au repas suivant.

Quel est l'intérêt de mincir ?

Se sentir plus légère, ce qui influe sur le moral.

Avoir davantage d'endurance pour la course à pied ou son cours de danse.

Remettre le pantalon acheté trop petit en prévision de ce moment.

Pouvoir se taper la cloche à nouveau.

Santé !

Les désagréments de santé spécifiques aux personnes de cinquante ans sont multiples, ils avancent masqués.

Vous réalisez votre âge le jour où vous recevez un formulaire à votre nom vous proposant un examen colorectal gratuit. Il ne s'agit pas d'un bon d'achat envoyé par le coiffeur du quartier en vue de tester ses talents de coloriste. Il s'agit d'une simple vérification de votre tuyauterie intime. Une petite caméra à tête chercheuse ira mater le fruit de vos entrailles, et enregistrera une vidéo qui ne vous dévoilera pas forcément sous votre meilleur profil. Tout devrait rester confidentiel entre vous et ce Monsieur pour qui votre anus et consort n'auront plus de secret.

Plus féminin, vous avez l'épreuve de la mammographie. Le sein (tranche de jambon) va se positionner entre deux plaques de métal (pain de mie) qui vont se resserrer jusqu'à former un sandwich. Là, vous retiendrez votre souffle, juste le temps qu'on vous envoie quelques rayons dont on dit qu'ils donnent le cancer. Après un sandwich vertical puis horizontal, des résultats indécis vous seront donnés. Avec un air dubitatif faussement rassurant, on vous encouragera à revenir l'année prochaine.

Heureusement, tout n'est pas si terrible, et un des avantages de la cinquantaine est la connaissance que nous avons de notre corps. Désormais, nous savons à quel moment et à quelle dose il est utile de s'auto-médicamenter. Nous savons trouver les arguments pour obtenir auprès du pharmacien un médicament nécessitant une ordonnance que nous n'avons pas, tout simplement parce que nous savons faire la différence entre un excès de jus de fruit et une gastro ou entre une infection urinaire et une mycose vaginale. Celles qui ont connu les deux ou les quatre savent de quoi je parle.

Mon secret jeunesse

Il y a des mots qui ne peuvent jamais être prononcés. Sauf pour la rime, un bon mot ou un contexte médical extrême. En fait, ces mots-là ne font même pas partie de mon vocabulaire. Il n'empêche qu'avoir l'ambition d'écrire un livre sur les jeunes femmes de cinquante ans sans évoquer une seule fois la « ménopause » relève d'un déni par omission. C'est un peu comme parler d'amour en évitant le sexe.

Je me souviens de ma mère qui ruisselait subitement ; en quelques secondes, on avait l'impression qu'elle sortait de la douche habillée. Les bouffées de chaleur sont le premier signe, viennent ensuite les troubles divers. Les choses peuvent alors aller très vite selon le métabolisme de chacune.

Heureusement : Zorro est arrivé.

Un pschitt sur le bras le matin, un cachet de type Tic-Tac le soir, et voilà le problème réglé : l'humeur adoucie, le poids stabilisé à la baisse, le sommeil retrouvé, les bouffées de chaleur éradiquées, et la libido réactivée.

On parle des quinquagénaires d'aujourd'hui comme un phénomène de société nouveau, et de s'étonner à quel point elles n'ont rien à voir avec celles de la génération précédente. Et de constater qu'elles sont plus minces, plus jeunes, plus longtemps, que leur peau est moins ridée, qu'elles ont des cheveux plus épais et qu'elles débordent d'énergie sexuelle.

Et pourquoi, d'après vous ?

Une meilleure alimentation ?

De meilleures conditions de vie ?

Des compléments alimentaires ?

Pas forcément, pas seulement. Non, la nouveauté est qu'aujourd'hui on sait régler le problème. La quinquado dont on essaie d'analyser le pourquoi du comment est une femme de cinquante ans très certainement sous traitement hormonal de substitution.

Sauf contre-indication médicale, réfractaires aux médicaments ou si vous vivez loin de tout avec un vieux mari qui ne vous fait plus trop d'usage, mon avis est qu'il serait dommage de s'en priver. Car en plus d'améliorer de façon tangible la qualité de vie dans son quotidien, ce type de traitement apporte paraît-il des avantages préventifs au niveau osseux et cardio-vasculaire.

Aucun laboratoire ne me paie pour écrire cela.

À l'heure où je rédige ces lignes, je suis en Corse dans une maison perdue dans le maquis et le maître de maison s'arme de délicatesse pour nous prévenir qu'il ne faut pas jeter des « choses » dans les toilettes, que malgré la modernité du lieu, ces fosses septiques n'ont pas la capacité de tout faire disparaître, il parle de cotons tige, de boîtes, de trucs dans le genre.

J'attends qu'il nomme clairement ce à quoi nous pensons. Mais non. Dans un sourire caustique, je l'aurais rassuré, en ajoutant qu'il m'aurait pourtant bien plu de pouvoir balancer un tampon périodique dans sa cuvette.

Capsulite rétractile : mon anecdote trash

Ou comment une séance sportive un peu plus musclée que d'habitude peut coûter des mois de rééducation et de douleur. Je n'avais jamais entendu parler de capsulite rétractile avant d'en avoir une.

C'est le diable qui entre dans votre épaule et qui n'en sort que deux ans plus tard. Tout ça parce qu'on a un peu forcé sa salutation au soleil ou qu'il nous a pris de faire des pompes après un jogging tranquille.

Il y a plusieurs façons de solutionner un problème médical. Il y a la méthode classique qui consiste pour le praticien à soupeser la situation et parfois à prescrire des médicaments. Et puis il y a la méthode du docteur Li qui est une forme de torture autorisée. Les patients ignorent forcément qu'en se rendant chez lui (lui c'est Li), leur dignité risque d'être ébranlée sous l'impact de son acupuncture.

Lorsque mon problème de santé a été diagnostiqué, j'ai parcouru les forums médicaux *on line* en quête d'espoir et de solutions. Je n'y ai trouvé que des gens résignés ne connaissant que deux mots : souffrance et patience. Tout ce que je déteste. La capsulite rétractile est une saloperie qui menace les quinquagénaires en général et les femmes en particulier. J'avais déjà vu en France un rhumato, un ostéo, un kiné, un homéopathe, un acupuncteur, un masseur, une masseuse, et étais même allée jusqu'au magnétiseur. Aucun n'avait réussi à calmer l'hydre de mon épaule gelée. Deux infiltrations ratées plus loin, épuisée par une douleur persistante et découragée par l'impuissance des solutions proposées, de guerre lasse, je pris rendez-vous dès mon arrivée en vacances à New York avec le énième acupuncteur soi-disant « fOOOrmidable » dont l'une de mes amies m'avait vanté l'expertise avec une insistance appuyée.

Le jour de ma consultation, je débarque dans une sorte de lieu anachronique, poussiéreux et de mauvais goût en plein cœur de Wall Street avec, à mon bras, ma capsulite rétractile. Avant de rencontrer Li, je remplis un questionnaire médical d'une totale intrusion et signe comme le veut l'usage en Amérique un contrat de quatre pages promettant que même en cas de décès, le docteur Li n'y serait pour rien. Ce dernier point est important car c'est sûrement cette sécurité administrative qui doit permettre à Li d'exercer en toute quiétude une pratique non référencée, bien plus artisanale qu'universitaire.

Je remercie intérieurement la paix de notre ère, car sous la torture j'avoue que j'avoue tout : plantage d'énormes aiguilles dans les muscles noués (hurlements), envoi de pulsations électriques dans le muscle commandées par un bouton que Li tourne toujours plus à droite afin de mesurer ma résistance (hurlements), massage musclé au pouce (gémissements), pose de ventouses aspirant la peau (hurlements saccadés). Agacé par le débordement de ma sensibilité exacerbée, Li me colle une serviette éponge dans la bouche pour que j'arrête de crier, ou alors que je crie en silence. Histoire de ne pas affoler les patients cantonnés (si j'ose dire) dans la salle d'attente.

Je sors de chez Li tatouée de cercles couleur aubergine genre maori, certaine de n'être pas assez masochiste pour y revenir et faire subir un excédent d'outrage à mon épaule déjà meurtrie.

Je ne saurai jamais ce qui a été le plus efficace pour calmer cette douleur tyrannisant mes nuits et mes jours, les « *special needles* » du docteur Li et ses atroces tortures, ou ses infusions d'herbes au goût de compost qu'il m'a poussée à avaler deux fois par jour. Le fait est qu'avec cette première visite chez Li s'achevaient deux longs mois d'agonie et d'insomnie. Pendant longtemps, je n'avais pas pu faire le moulin avec mes bras, mais dès le lendemain, je pouvais tapoter le clavier de mon Mac et soulever ma tasse, sans douleur.

Le bleu

Le tatouage type de la quinquagénaire ce n'est pas la salamandre sur l'épaule qu'affectionnent les jeunes et les New-Yorkais, non, nous avons passé l'âge de nous dessiner des choses indélébiles sur la peau, le temps qui passe s'en charge déjà suffisamment, pas besoin d'attirer le regard sur nos chairs promptes à la ptôse.

Non, le tatouage de la quinqua, c'est le bleu !

Pas le bleu le débutant, pas le bleu de Bresse, pas le bleu Klein, pas le bleu de l'âme, non, non, je parle du bleu de la femme de plus de cinquante ans, de celle qui se cogne mais qui ne s'en cogne pas du tout d'avoir la marque du coup qui croît, qui bleuit et s'étale sous sa peau blanche et fine. Le bleu quinqua, c'est l'image des marques qui s'inscrivent de façon plus durable dans le temps et de plus en plus sombre dans la gamme Pantone en allant du violet foncé au jaune anisé. L'hématome ne disparaît qu'au bout de longues semaines, il devient une marque de fabrique, un memo de traçabilité. Alors après cinquante ans, jouez les hémophiles, au moins pendant l'été, ou alors barricadez-vous derrière une armure ou un harnais protecteur : pantalon matelassé, protège-coudes, protège-tibias, genouillères… Ou alors jouez-la Arnica à tous les étages, en comprimés, en traitement homéopathique, en gel crème.

Évitez donc les coups, les angles sont partout,
Les coins de tables basses vous tapent le mollet,
Les coins de tables hautes s'en prennent au haut des cuisses,
Les genoux imprudents ne sont pas épargnés.
Chaque meuble anguleux est un réel danger,
Mes bleus sont familiers, ils vont avec les meubles,
Le bleu précipité de la salle à manger,
Celui du fauteuil culte et son acier brossé,
Le coup de l'accoudoir qui s'en prend au tibia,
Le bleu tout aussi chic de la table Noguchi,
Les contours arrondis ne nous épargnent pas,
Et nous cognent sournois malgré un verre épais.

Comment leur en vouloir, je suis si maladroite,
J'ai qu'à faire attention, me tenir un peu droite,
J'aime les alexandrins dès le petit matin.

« C'est super, et en plus tu fais des vers avec des bleus », dit le Doux.

Ah, le Doux ! Toujours prompt à dégainer un bon mot.

Vertige

Paris, dimanche dernier, 10 heures du matin…

Soudain, j'ai le vertige, je perds l'équilibre et me sens partir. Je trouve la force de me traîner jusqu'au lit. Allongée sur le dos, les yeux dans le flou, je regarde le plafond tourner à grande vitesse. Le malaise monte, et les fourmillements dans mes doigts gagnent du terrain à chaque seconde. Une puissance extérieure s'est emparée de mon corps, c'est elle qui décide.

Envoyée en ambulance aux urgences à Lariboisière avec le Doux dans tous ses états, je vous passe les détails de la situation : l'attente interminable sur ma civière au côté d'un apprenti terroriste mal en point mais surveillé par une dizaine de policiers armés comme des hoplites, résumé de la chronologie des troubles trente fois à trente personnes différentes… Puis médecins, tests cliniques, et retour à la maison avec une convocation pour le lendemain, et le surlendemain et encore le surlendemain.

L'histoire aurait pu s'arrêter là et vous auriez découvert alors sur mon blog et mon mur Facebook un mot pudique écrit par l'un de mes enfants vous indiquant la fermeture de mon compte et la fin de mes festivités littéraires.

Puisque l'histoire s'est bien terminée cette fois-ci, j'en profite pour rappeler que je ne donne pas mon corps à la science et que mes codes de cartes de crédit sont dans la poche gauche de ma veste Balenciaga, un détail pouvant s'avérer utile en cas d'urgence pour payer les faux frais imprévus (petits fours, décoration florale, piécette aux enfants de chœur…) qu'entraînerait ce genre d'accident domestique.

Vous savez quoi ? Ça peut arriver à tout le monde. Un jour, pouf, le nez tombe dans l'assiette, salut les gars !

Instantanément, en ce matin qui aurait pu être le dernier, j'ai vu débarquer dans mes pensées des priorités les plus hasardeuses comme : suis-je bien épilée, mince tout le monde va connaître mon vrai âge, ai-je coordonné ce matin le soutien-gorge à la culotte, non je ne veux pas rater la sortie de *La vérité si je mens 4*, ni perdre mon billet d'avion pour New York la semaine prochaine…

Encore tant de choses à observer, encore tant de gens à décevoir, et ce livre dont je me suis promis de terminer l'écriture avant la fin de l'année.

La leçon : une conscience que les jours qui suivent seront les meilleurs.

Le diagnostic : névrite vestibulaire, rien de très grave, mais juste très impressionnant.

La cigarette et autres drogues

À cinquante ans, on doit avoir arrêté la cigarette, quitte à se dire qu'on la reprendra plus tard, beaucoup plus tard, quand ni la peau, ni les avis latéraux, ni même la santé n'auront d'importance. J'aime le geste de la cigarette, le bruit sourd de l'incandescence quand on aspire et le contact convivial qu'elle permet. « M'offririez-vous une cigarette ? » est le meilleur prétexte de drague existant référencé à ce jour. Je fume parfois, à la fin d'un dîner, j'aime prendre une cigarette entre les doigts, tirer une première tafe et l'écraser très vite. Comme tout produit addictif, j'essaie de garder le contrôle en m'amusant à tenir à distance l'emprise que la cigarette cherche à obtenir de moi, et avec une certaine arrogance je pense : « Chérie, tu ne m'auras pas, moi. »

Heureusement, car celle-ci dépose sur le visage des années en plus et sur l'espérance de vie des années en moins. Nous sommes tous égaux face à la cigarette, elle garantit une voix rauque, une peau flétrie, des maladies à la pelle et une haleine de chacal. Mais quand elle nous a ferrées, elle devient notre meilleure amie, pour longtemps. Parfois jusqu'à la mort !

J'ai su garder mes distances avec la drogue aussi, trop occupée que j'étais à consolider mon efficacité professionnelle et ma réputation. Aujourd'hui, mon travail s'accommode de choses qui ne peuvent plus ébranler ma réputation. À mon âge, celle-ci est faite, si tant est que j'en ai une.

Mais quand même, avant de quitter ce monde, je voudrais au moins une fois essayer la cocaïne.

Faut-il partager ses bonnes adresses ?

La quinquitude ayant fait de nous des personnes exigeantes et de goût, nous avons dans notre quartier pour chaque corps de métier « un très bon ! » voire « le Meilleur… ». Le meilleur fromager, le meilleur boucher, le meilleur marché bio… et, de façon modeste ou prosélyte, il nous plaît de partager avec nos amis nos meilleurs fournisseurs sur l'air de « les bouchers de mes amis sont mes bouchers ».

En revanche, pour ce qui est de communiquer l'adresse de prestataires qui vendent justement de l'adresse (au sens doigté) – dentiste (pour de l'implant), dermato (pour de l'injection) ou ostéo (pour du craquement) –, l'expérience prouve qu'il est préférable de garder ses contacts pour soi. Ainsi, lorsqu'on vous demande : « Tu ne connaîtrais pas un bon dentiste ? », si vous voulez éviter les complications et garder vos amis, répondez par un simple : « Non je n'ai pas. » Nul doute que si par malheur une de vos amies subissait un raté, ça peut arriver, vous en seriez la cause.

Imaginez que le dermato star qui normalement pique comme un orfèvre et a accompli sur vous des miracles (momentanés, car, comme vous le savez, les effets de la piquouze ne durent jamais) touche le nerf oculaire de votre copine. Elle vous avait pourtant suppliée de lui donner ses coordonnées. Et la voilà désormais flanquée d'un drôle de regard asymétrique avec son œil écarquillé qui veut vous tuer.

Idem, gardez pour vous le gestionnaire de compte qui fera (peut-être) fondre ses placements, l'ostéo qui va (peut-être) lui torpiller une cervicale ou l'avocat qui va (sûrement) faire durer pendant des années sa procédure de divorce.

Bon, personne ne se refilera sous le manteau le nom de son bon proctologue, quoique, parfois dans ce registre, le bon tuyau au bon moment… (Bon d'accord, ça je vire, dis-je au Doux en lui promettant de signer ce livre sous pseudo.)

Dans l'ensemble, évitez de vanter les talents de qui que ce soit, vous n'en retirerez rien. Au-delà du danger de perdre des amis si ça se passe mal, les disponibilités du « meilleur » risquent de baisser et leurs tarifs risquent de monter.

Non, gynéco, j'ai pas.
Mais j'ai un bon boucher.

Demain j'ai sport

Ô génie de la lampe à huile, faites qu'il y en ait toujours suffisamment dans mes articulations.

Malgré notre jeunesse chronique, nous devons bien nous rendre à l'évidence qu'il existe des sports de jeunes et des sports pour personnes plus âgées. Obligées de rien, nous sommes tenues à tout. Tout comme il faut manger cinq fruits et légumes par jour, on nous explique, et nous en sommes convaincues, qu'il faut avoir une activité physique régulière. Et de nous donner le temps qu'il serait nécessaire de consacrer à l'activité idéale. Et de nous culpabiliser parce qu'on ne fait jamais aussi bien que ce que les médias disent. Quelles sont-elles les activités physiques qui proposent le meilleur ratio entre l'effort, l'effet, et la bonne conscience ?

À cinquante ans, comment se faire du bien sans se faire mal ?

Au fil des années, j'ai ressenti progressivement la fragilité de mon squelette et la douleur prolongée qui vient invariablement après chaque effort un peu poussé : courbatures dans le bas du dos, muscles rétractés, crampes inopinées… Le lumbago, la tendinite, l'entorse ou le torticolis ne sont jamais très loin. Chaque fois que je franchis cette ligne du surpassement, je le paye de plus en plus cher. Pourtant, je ne peux m'empêcher de vérifier régulièrement si mon corps va être à la hauteur de ce que je lui impose, espérant (en vain) qu'il réponde comme avant à mes exigences. Pas de problème pour suivre les jeunes dans l'escalade, le tir à l'arc ou le running fractionné, mais à la condition de ne pas dépasser la ligne qui se trouve entre « l'entretien sportif de son corps » et « le surpassement de soi ». Bien sûr, les efforts sont toujours récompensés et la régularité de l'activité physique donne la sensation de tenir le bon rythme. On pense alors qu'aucune rétrogradation n'est possible.

Erreur ! En fait, chaque jour de paresse physique rendra la reprise encore plus douloureuse. Il faut réactiver sa volonté sans arrêt, laquelle doit composer avec de nouveaux ennemis : un cœur qui s'essouffle, la rouille qui s'installe dans les articulations, la disproportion des conséquences en cas de blessure et la flemme qui croît et pousse à considérer un jour ou l'autre la position de Churchill sur le sport. C'est à chacune de trouver l'activité physique qui lui convient le mieux, entre la zumba frénétique et le qi gong mental, le choix est vaste.

Run run run

Depuis que je n'en ai plus l'âge, je cours. Avant, dans mes années vingt ou trente, à l'époque où la course à pied n'était pas à la mode comme aujourd'hui, je préférais la danse ou la nage.

Aujourd'hui, une fois par semaine, parfois deux, entraînée par le Doux devant lequel je masque comme je peux mon immense paresse, j'enfile un legging, j'enfourche mon vélo et cap au parc. Je n'ai jamais envie de courir. Je déteste l'avant, je préfère l'après. Je m'élance pour le premier tour en me faisant violence. J'ai l'impression de porter des sacs d'eau sur le dos tellement je me sens lourde. À la fin du troisième tour, je pense à mes endorphines qui se réveillent et au bien-être qui va m'envahir à la fin du parcours. Dans ces moments de joie corporelle et hormonale, pendant quelques secondes, je me sens vraiment bien. Seul un acte sexuel réussi nous amène au même endroit.

Courir, je suis toujours contente de l'avoir fait, d'autant que les jours de courses je m'autorise dans la foulée, si je puis dire, un croissant au beurre, parfois deux. Une récompense exempte de culpabilité qui annihile pourtant une partie des efforts fournis.

Marcher à grands pas

J'ai lu que marcher à grandes enjambées était très productif. Une marche rapide et longue, dit-on, est presque meilleure qu'une brève course à pied. Ah bon ? Meilleure pour quoi ? Pour les articulations, sûrement. Pour le cœur ? Possible, tout dépend du temps d'exercice. Et d'aucuns de louer les bienfaits de la marche rapide avec sa dimension écolo, accessible et partageuse. J'ai toujours envie qu'on me fasse marcher, qu'on m'embarque en randonnées un peu difficiles, de celles qui grimpent au milieu des cailloux et des sapins. Mon regard se perdrait au-delà des nuages, j'inspirerais un air plus pur, je goûterais le silence en saluant l'absence de sons autres que ceux de la nature, et, pour me donner du courage, dans ma tête je me transformerais en chèvre. Ensuite, au retour de plusieurs heures de calme intérieur dans la nature, je ferais des gestes simples : m'asseoir sur un tronc, trancher un saucisson, m'envoyer un gorgeon.

Et le yoga ? Et la danse ?

Je fais partie des personnes qui ont divorcé du yoga. J'ai trop aimé, et je me suis lassée, moi, et surtout mon corps. Je sais bien que presque tout le monde est en désaccord avec moi, que le yoga est une pratique intouchable, qu'on ne peut critiquer ce qui fait tellement de bien à tant de gens. Mais c'est comme ça. Je ne veux plus faire de yoga. Tous ces yogas différents : le Bikram yoga, le Lyengar, le Vinyasa, l'Ashtanga, le Hata… Toutes ces déclinaisons : le yoga du sexe, celui des yeux, le yoga des hormones, le yoga du rire, les recettes culinaires du yoga, ne m'ont amusée qu'un temps. Dix ans quand même à me convaincre que j'aimais ça. Alors que, en dehors de séances tranquilles de yoga de relaxation respiration – et encore, qui n'étaient efficaces que les lendemains de courtes nuits, quand j'avais la tête qui tombait dans le menton sur le ÔM hypnotique du prof –, tout le reste, ce n'est définitivement pas pour moi. Je ne me détends bien que dans l'excitation et la joie. J'ai dû me rendre à l'évidence que non seulement le yoga ne me faisait pas de bien, mais qu'il me faisait surtout mal.

Les postures n'ont pas été inventées pour une physiologie comme la mienne. Je souffre des torsions contre nature, je m'ennuie à respirer par le ventre et je ne comprends pas le sanskrit. L'exotisme qui le porte ne suffit pas à contredire l'évidence que je perds mon temps.

En arrêtant le yoga, j'ai aussi arrêté mon abonnement chez l'ostéopathe. Là, comme un seul homme, des voix s'élèvent et me disent : « C'est parce que tu avais un mauvais professeur. » Je suis surtout un mauvais élève à faible capacité. Je préfère le Pilates, plus occidental, dont la respiration par la poitrine me paraît plus naturelle. Pas de chichis, pas de mots aux consonances nassanaya, juste un mouvement, puis deux, puis trois, à la suite, et jamais deux fois le même.

Mais ce qui me fait rêver en me faisant du bien, c'est la danse. J'adore danser. Avec le Doux, le soir, quand les enfants ne sont pas là (et même quand ils sont là) nous dansons. Au signal, il envoie dans les enceintes sa dernière lubie sonore du moment, et dans un même élan, on s'élance sur le tapis du salon. Deux quinquas doux dingues qui dansent comme des fous. La blague dure environ dix minutes au bout desquelles je tombe haletante, en palpi, assoiffée. « C'est le souffle », dis-je au Doux entre deux lampées de Chardonnay glacé. Voilà pourquoi j'ai du mal à suivre les quatre-vingt-dix minutes de cours de modern jazz. C'est à cause du souffle. J'ai redécouvert la danse à la cinquantaine, quand les hasards de la vie m'ont amenée à vivre à quelques mètres d'un centre. Depuis, je fais toutes les semaines de la barre au sol, du jazz ou de la danse classique. J'enfile chaussons et collant noir et me mélange aux filles à chignon qui tiennent la tête droite et haute, comme tenue par un fil invisible accroché au ciel. Être entourée de ces jeunes femmes en justaucorps me fait du bien. Hormis les multiples miroirs qui rectifient le tir avec une précision cruelle et zénithale, et dont j'évite le reflet, je suis des leurs. Mon squelette s'obstine à ne pas répondre aux mêmes sollicitations qu'avant. C'est une chose difficile à admettre, aussi je crois que ça m'arrange d'être dans un total déni de ma subtile dégénérescence – tiens, c'est bizarre, avant je faisais le grand écart facial mais aujourd'hui je suis de rouille et d'os. Et de placer en abscisse le corps, en ordonnée le cerveau (qui lui s'obstine justement à se désordonner).

Parfois, dans mon lit et dans ma tête, les yeux fermés, je cours très vite pour prendre mon élan, et j'exécute merveilleusement un triple salto vrillé à la réception impeccable. Vestiges mémoriels des Jeux olympiques de Montréal 1976. Je m'appelle Nadia.

Travail et argent : la décroissance sereine

Plus de cinquante ans : la fin du salariat

Pour les femmes, après cinquante ans, le monde du travail ne tend pas la main, à la rigueur un doigt… celui du milieu.

Vous êtes une salariée installée dans un placard sécurisé, avec un ordi, un bureau, un mug NYC et un siège qui tourne. Tant que la boîte affiche un bilan comptable positif, vous y resterez au chaud et tranquille. Sauf qu'un jour, il se dira dans les couloirs que le concurrent se porte mieux, que votre boss a vendu, que la boîte va fusionner, que c'est la crise et qu'un mauvais plan se prépare. C'est là où les coordonnées d'un avocat spécialisé vous seront de la plus grande utilité.

Négociez votre départ avant d'être acculée à la faute. C'est comme en amour, quand ça commence à sentir le pâté faisandé, le reproche pesant et les silences prolongés, autant comprendre ce qui se passe, entendre les explications et, au besoin, préparer sa sortie. Évaluez la gravité de la situation, évitez le déni qui entraînera un cumul de boules dans la gorge. Plus vite vous partirez, plus vite vous passerez à autre chose. Quittez alors l'entreprise sans culpabilité, avec un chèque dans la poche, et un projet de formation négocié par votre avocat. Bien sûr, facile à dire ou à écrire, pas facile d'affronter les peurs qui se déclenchent tels des airbags dès l'annonce de tout changement.

Quitter ses parents, déménager, s'installer, divorcer, re-déménager, être licenciée… La peur c'est toujours avant, parfois pendant. Après, généralement, on se félicite de son courage et d'avoir affronté avec panache les moments difficiles. Surtout ne vous désespérez pas, je vous en supplie, pas de « je vais déprimer si j'arrête de travailler ». Se dire au contraire que c'est le moment, qu'il va falloir vous ré-inventer, et que toute mise en danger est une chance. Avoir la certitude que la fin d'une époque est aussi le début d'une autre, et que cette autre va être intéressante. Faire passer quelques messages à votre entourage, toquer à la porte de votre réseau pour vous rappeler à leur bon souvenir. Tous ces petits cailloux posés vous amèneront bien quelque part. Ne soyez pas pressées. Un jour, comme une évidence, vous vous direz : c'est bon, je la tiens mon activité. Une rencontre, une proposition, une opportunité, gardez l'œil ouvert, ça viendra, je vous le promets.

L'anecdote trash

À l'occasion d'un changement d'actionnaires, une de mes amies occupant un poste de directrice de la communication dans une entreprise se voit brutalement poussée vers la sortie. Une proposition financière un peu lapidaire lui est faite. Alors elle prend un avocat, et cherche à se défendre. Le combat est âpre mais, heureusement, dans cette période où elle vacille, elle est chassée par un gros cabinet de recrutement pour occuper un poste similaire dans une entreprise prestigieuse.

Miracle ! Elle qui est dans la mauvaise partie de la cinquantaine et qui commence à se désespérer, la voilà qui reprend des couleurs. Au fur et à mesure que la proposition se précise, elle décide de lâcher du lest de l'autre côté. Son avocat n'est pas vraiment d'accord, et lui conseille d'attaquer.

« Vous êtes en *short list* et très bien placée », lui annonce par ailleurs le cabinet de chasseurs de têtes. « Rendez-vous demain pour un dernier rendez-vous. » De ce qu'on lui dit, elle comprend qu'il s'agit presque d'une formalité. Elle est folle de joie. Bien sûr, elle a estimé qu'ayant presque obtenu ce nouveau travail, le monde des affaires n'étant pas si grand, elle-même étant un peu connue, il n'est pas souhaitable que l'on sache qu'elle attaque aux Prudhommes la société qui est en train de la licencier. Elle décide donc de renoncer au combat juridique et accepte la maigre transaction.

Le lendemain de la signature de l'accord avec son entreprise, le chasseur de têtes lui apprend que finalement elle n'a pas été retenue. Bien sûr, personne n'aura jamais la preuve que le chasseur de têtes était complice de l'entreprise. Mais quand elle m'a dit qu'on l'avait spontanément appelée pour un travail alors qu'elle n'avait pas encore accepté l'accord transactionnel, je n'ai pu m'empêcher d'avoir la certitude qu'il s'agissait d'un piège.

Le marché du travail est si cruel vis-à-vis de la quinquagénaire sur le carreau. Sur le moment, elle s'est désespérée. Et puis, au bord du gouffre, elle a écarté les bras et, dans le vide, s'est lancée. Aujourd'hui, elle est heureuse. Elle construit des cabanes en bois dans la forêt.

La morale de cette histoire est que lorsqu'à plus de cinquante-cinq ans vous êtes licenciée, n'essayez pas de chercher un travail équivalent, vous n'en trouverez pas. Si vous n'avez pas une âme d'entrepreneur, prenez-vous-en à vos parents, à votre génétique ou à ce que vous voulez, mais pour trouver un travail dans une entreprise, c'est comme en amour, il va falloir baisser ses prétentions.

En amour, vous rencontrerez plus facilement un homme flanqué de légers défauts : physique difficile, intérêt restreint, finances confuses, Carte Vermeil, passé sulfureux, prostate en délicatesse… Pour le travail, il y a des chances que celui-ci soit moins payé, moins intéressant mais ça, c'est si on vous en propose un. Votre C.V. avait pourtant fière allure dans les années 1990. Il ne sert plus à grand-chose aujourd'hui, sinon à permettre de présenter le bilan d'une vie professionnelle loin derrière et… de faire connaître votre âge. Vous ne l'aurez pas mentionné, bien sûr, mais face à l'étendue de vos expériences, le recruteur ira directement à la ligne de la date d'obtention du diplôme universitaire, fera un rapide calcul et, sauf recommandation ministérielle (et encore !), boum, poubelle. Présenter son C.V. n'a de sens qu'avant cinquante ans, ensuite, vous ferez les yeux doux à votre carnet d'adresses, si vous avez eu l'heureuse idée de l'entretenir.

Il sera cependant possible que votre plus haut piston (le ministre lui-même) ait ordonné au chasseur de têtes de vous recevoir. Ce dernier recevra les mots emphatiques et sirupeux d'une lettre-type à papier gaufré pré-rédigée par une secrétaire du service public vantant vos qualités exceptionnelles, votre droiture légendaire, vos expériences réussies.

Là, dans l'espace climatisé d'un bureau de verre, vous allez vous retrouver face à un trentenaire monté sur souliers à glands qui va laisser libre cours à son arrogance en lisant à voix haute comme si c'était du finnois : « Kraft » « PPR » « Manufrance » « Saint-Gobain-Pont-à-Mousson ». Il s'arrêtera, posera un accent circonflexe au-dessus d'un œil, et vous demandera : « Ce sont des boîtes qui font quoi ? »

Rien que de devoir lui répondre vous donnera envie de vomir.

Vous décrirez un autre temps, il utilisera une terminologie affligeante que vous ne comprendrez pas. À l'heure du spectre large des mots en ING du wording, outsourcing, coding, et du champ lexical de la novlangue, vous aurez du mal à valoriser vos compétences. Déplacez vos centres d'intérêt et regardez ailleurs. Détournez-vous des glands.

La réinvention est en marche !

C'est la vôtre et c'est tout de suite.

Et maintenant, que faire ?

J'ai beaucoup travaillé dans ma vie, mais uniquement entre le troisième trimestre de ma terminale et mes quarante-huit ans. C'est-à-dire, en tout et pour tout, trente ans, jour pour jour. Avant, j'ai été une enfant quasi autiste, une écolière bègue, une collégienne en difficulté et une lycéenne pathétique.

Un jour, à la faveur d'un moment de rage (merci papa) doublé d'inspiration, sur lequel le destin a posé son zeste de chance, je me suis envolée et suis restée en apnée du labeur durant trois décennies. La fuite a été ma révolution personnelle, mais le travail acharné correspond bien à la programmation paternelle.

En effet, mon père vouait au travail un culte imbécile, dans le but d'assurer une transmission qui suffisait à donner du sens à sa vie. Mais l'argent, qui est le moteur de la plupart des gens dans leur activité professionnelle, n'avait chez lui qu'une dimension accessoire, au mieux ludique. L'argent devait se gagner, pas se dépenser. On le regardait entrer, jamais sortir. Parfois, la nuit, mon père se levait pour faire les comptes, et puis, satisfait, allait se recoucher. Quant à ma mère, elle était femme au foyer, mais cette fonction ne lui correspondait pas. Elle rêvait d'évasion, elle qui n'a jamais eu ni carte bleue, ni permis de conduire, ni amant avéré. Les rites étaient posés comme des tuteurs dans son emploi du temps. La journée se structurait selon une rythmique séculaire que personne n'aurait envisagé de bousculer, surtout pas elle. Le repas, le ménage, les courses, quelques commérages et le flacon de Guerlain annuel remplissaient entièrement sa vie. Elle disait avoir beaucoup de travail. C'était sûrement vrai, en tout cas au sens où elle l'entendait. Mais comme elle n'a jamais eu de reconnaissance financière de quoi que ce soit, la notion de travail version modèle maternel n'a jamais incarné une activité à laquelle j'ai eu envie de m'identifier. C'est donc grâce au modèle paternel, celui-là même que je fuyais, que j'ai pu me construire et su gagner âprement ma vie.

Se libérer de ses parents est la meilleure expérience qui soit. La satisfaction qu'apporte ce qui a été réalisé par soi-même est immense. Mais certains parents sont plus difficiles à quitter que d'autres : trop d'amour, trop de liens, trop d'ailes délibérément coupées. Merci aux miens de m'avoir donné les armes de mon autonomie ainsi que de nombreuses bonnes raisons de les quitter, et autant de les aimer.

À moins de cinquante ans, j'ai donc décidé d'arrêter mon activité. En vingt ans, le marché publicitaire et moi-même avions changé. J'avais fait plusieurs fois le tour de ma spécialité et les astuces pour séduire le consommateur m'apparaissaient de moins en moins éthiques. Derrière mon oreille, une petite voix me priait d'arrêter de perdre ma vie à la gagner. Je ne voyais pas bien ce que pouvait m'apporter encore plus de temps passé en réunions et en gestion de projets. Plus d'argent ? Oui, sûrement. Mais mon ennui et ma liberté valaient plus cher. J'ai repéré une sortie de secours, je l'ai prise.

J'étais dehors.

Là, tout le monde m'a dit : « Mais t'es dingue ou quoi, tu vas faire quoi maintenant ? »

Si je suis capable de parler du travail dans ce qu'il a de plus aliénant et destructeur, je me sens encore mieux placée pour parler du non-travail, et de cette angoisse du vide statutaire à laquelle on se trouve confrontée lorsqu'on nous demande : « Et tu fais quoi maintenant ? »

Pendant des années, j'avais eu l'habitude de dire : « Je dirige une agence de publicité. » La seconde qui suivait était comme une caresse. Du jour au lendemain, il a fallu que je passe au passé. Au début, je parlais toujours de ce que j'avais fait. J'oubliais le présent. Puis un jour, j'ai fini par assumer le présent : « Je ne travaille pas. » Cette réponse est généralement suivie d'un grand blanc et d'une légère gêne entre modestie et provocation.

Cette situation m'a permis de repérer avec amusement les réponses imprécises des personnes vaguement inactives rompues à l'exercice de la question et qui commencent souvent par « en ce moment… ». Ainsi, « Je travaille pour une fondation » force le respect, mais veut surtout dire que vous avez du temps et des relations. « Je suis dans le tourisme » peut vouloir dire que vous louez votre appartement sur Airbnb et que vous accueillez vos locataires. « Je m'occupe d'une start-up », que vous donnez un coup de main à un copain à qui vous avez prêté de l'argent. « Je me suis associée dans une petite affaire » ne veut pas forcément dire que vous êtes actif dans ce projet. « Je suis entre deux jobs » est un moyen pudique de dire que vous venez de vous faire virer et que vous cherchez autre chose.

L'esquive est une solution qui peut attirer l'attention et la curiosité de votre auditoire, vous botterez donc en touche avec un : « Là, je savoure un poulet ratatouille. » Et puis il y a des expressions qui sont interdites sous peine de mort subite sociale : « je suis au chômage » ou « je suis à la retraite ».

À cinquante ans, nous n'en sommes pas encore là, bien que dans certaines boîtes, vous pouvez faire valoir vos droits à la retraite plus tôt sous certaines conditions, si vous avez eu trois enfants par exemple. Enlevez ensuite le préavis, les congés payés, agrémentez d'un petit arrêt maladie sans gravité, et vous êtes libérée de votre employeur à cinquante-six ans.

Vous apprendrez très vite à décoder la vérité dissimulée sous les libellés un peu vagues de la création artistique la plus débridée : peinture non figurative, sculpture de fil de fer barbelé, danse liturgique, décoration végétale, « *Indian Trading* » ou vente à domicile de breloques diverses pêchées au *Night Market* de Goa. Derrière cette fumée se cache souvent un petit pécule planqué sous le traversin dont on ne vante pas l'origine : plan social d'entreprise, héritage inopiné, revenus locatifs, prestation compensatoire, mari compréhensif, mécène sous curatelle… J'entends aussi parfois : « Je suis dans l'art contemporain. » Ce domaine est le grand réservoir de l'inactivité fortunée dans le monde. Il rassemble souvent de belles femmes à la richesse ambiguë, plus liée à leurs épousailles ou à l'argenterie buccale de leur naissance qu'à leur talent de fin truffier en la matière.

Dites-vous bien que le « je ne fais rien » n'existe pas. On ne fait pas rien quand on a le temps de rien. On ne fait pas rien quand on n'est pas coupable. Sachez aussi qu'il y a des réponses sacralisées qui pousseraient presque à la génuflexion. Le « J'écris », par exemple, vous rapprochera du centre de la table. Le « J'ai publié » vous placera à la droite du maître de maison, à la condition bien sûr de ne pas habiter Paris V, VI ou VII, qui sont des arrondissements où TOUT LE MONDE écrit.

Vous n'avez pas d'activité référencée ? Selon l'interlocuteur, vous serez placée au fond, dans un coin, en bout de table, de dos, à l'envers, avec un filtre, le son coupé… Mais vous pourrez tout aussi bien vous entendre dire : « Rien ? Mais c'est formidable ! » Dans la plupart des cas ce sera de la bienveillance, dans d'autres de la politesse, ou peut-être un pincement de jalousie, surtout si la personne qui s'adresse à vous passe deux heures par jour dans les transports en commun et supporte les caprices d'un patron pervers et tyrannique.

J'ai bien aimé la repartie assumée d'une belle quinqua dans un de ces dîners de la rive gauche où tout paraît facile et charmant, qui répondit : « Je ne fais rien, mais bien. » Son petit adage musical accompagné d'un sourire déculpabilisé était du meilleur effet. À garder, me suis-je dit, mais seulement si le décor et l'environnement s'y prêtent. L'idéal est d'avoir plusieurs réponses possibles, et de servir la plus adaptée au curieux qui vous la pose. J'en ai un paquet en stock dans mon magasin personnel qui va du profond mensonge à « l'un peu vrai ».

Je pense aussi à tous ces boulots qui ne rapportent pas toujours le retour sur investissement rapide escompté et nécessitent du temps et de l'argent rien que pour pouvoir les exercer. Peintre sur le tard, en deuxième partie de vie, en fait souvent partie. Il faudra acheter le matériel, consacrer une pièce de son appartement à la production, pourquoi pas louer un atelier, envoyer les cartons d'invitation pour le vernissage, payer la galerie qui vous expose, ainsi que le mousseux. Ensuite, tout reposera sur la qualité de votre travail d'artiste et de votre carnet d'adresses.

Être sympa, connaître des gens aisés, et avoir un nom vendeur, qui sonne bien, sont les trois nécessités du succès de la reconversion de « l'artiste sur le tard ». Une courte formation peut faire de vous une fleuriste, une relieuse, et surtout tout un paquet de métiers se terminant par « peute », « pathe » ou « ogue », dont la sonorité et le signifiant en imposent. L'investissement sera léger (un lieu, une plaque dorée, quatre clous), mais il faudra quand même se faire connaître (réseau perso, services d'un community manager) et faire montre d'une expertise référencée ou d'un don particulier.

Mais la dénomination qui a le plus de succès auprès des quinquas est indiscutablement « coach ». Après cinquante ans les femmes en France sont coach, ou peuvent le devenir. Le coach c'est le « peute », « pathe » et « ogue » en un seul mot. Quand il est assorti de l'adjectif « sportif », c'est précis, on comprend qu'il s'agit d'un synonyme d'entraîneur, mais lorsque sur la carte de visite est écrit « coach de vie », alors là, le champ d'expertise est plus flou.

Hors de question de dévaloriser la fonction, je ne me permettrais pas. C'est juste qu'il y en a plein !

« J'ai repris des études » sauve les meubles et au passage les apparences. Tout le monde sait qu'on ne reprend des études après cinquante ans que lorsqu'on a perdu son travail. Préférez : « Je suis redevenue étudiante. » Ça dit la même chose mais ça fait jeune. D'autant que cette information peut ouvrir le débat (ou le fermer).

Ah, un master de littérature africaine !

Super !

Reprendre des études est quelque chose qui pourra être envisagé dans le cadre de la négociation du licenciement. Pourquoi pas dans une grande école ? Dans ces cas-là, votre CV, cette étiquette identitaire qui ne vous servira plus jamais à rien, sera pourtant auréolé, dans la dernière ligne droite de votre vie professionnelle, d'un master prestigieux qui, dès son obtention, va effacer les autres diplômes. Oublié votre BEP d'action commerciale, exit votre DEUG d'espagnol, envolée votre licence en psychomotricité. Dauphine, HEC, l'ESSEC jouent sur leur image et ont bien compris la manne financière que représentent ces chômeurs cadres supérieurs remis sur le marché de l'emploi aussitôt la formation terminée. Au bout du tunnel de cette onéreuse formation, il n'y aura pas forcément de travail, mais imaginons qu'à la faveur d'une rencontre, d'une opportunité, et d'un alignement d'étoiles vous retrouviez un travail de salariée, pourquoi est-ce qu'à ce moment même où le sablier prend de la vitesse, aimerait-on suffisamment une marque, une entreprise ou un patron pour lui offrir huit heures (parfois plus) sur les vingt-quatre que la vie nous propose gentiment par jour ?

N'est-ce pas le moment de changer de rythme ? Afin de profiter de la personne qu'on aime le plus au monde : soi. Récupérez ce qui vous appartient et ce sur quoi vous perdez la main : le temps ! Faites-en le nœud gordien de votre liberté, le centre de votre œuvre, le témoin de l'imperfection douce-amère du réel.

Alors là, j'entends les commentaires : « T'es gentille, mais moi, le centre de mon œuvre c'est de faire bouillir la marmite du jour, alors arrêter de travailler, O.K., mais pour ça $$$, hein, on fait comment ? »

C'est d'abord trouver une idée qui soit en phase avec la vie qu'on a envie de mener. Une idée qui nous convienne, qui soit faisable, et apporte de la visibilité sur une rentabilité même faible, à court ou moyen terme. Acheter des terrains pour y planter des amandiers est une belle idée, mais comme il faut au moins cinq à dix ans pour voir le bout d'un fruit, et que je vous rappelle que nous avons déjà cinquante ans, c'est déjà tard. Laissez les longs termes à une jeune patiente.

Il y a la culture de quelque chose. Ou plutôt la permaculture qui est avant tout un mode de vie. Production diversifiée et négoce avisé d'un ingrédient sexy (miel, safran, chou frisé, graines de chia…). Postuler pour être pâtissière, vendeuse, travailler dans un musée, une librairie. Vous pouvez vous inscrire sur un programme philanthropique, aider les gens, être utile. Comment ? Donner donner donner, un peu de son temps, un peu de soi.

Organiser sa vie future

Redéfinir ses centres d'intérêt, décider d'un projet et essayer de le mener à bien. Mais voilà, trop de temps nous fait paniquer et nous reportons sans cesse les tâches inscrites sur notre feuille de route quotidienne.

Réinventer une nouvelle vie professionnelle, à l'heure du jeunisme et de l'ubérisation, n'est pas simple. Donc, pour actionner tout en douceur le virage en épingle d'un changement, nous pouvons investir dans un genre millénaire devenu très tendance : la paresse. Parfois théorisée, rarement justifiée, souvent conspuée, la paresse n'est pas la honte qu'on lui assigne, elle est juste un défaut mineur, une fronde à la frénésie, presque un art de vivre. Le manifesto du moment exhorte à exempter les apprenties paresseuses de toute forme de culpabilisation. Surtout si la paresse s'exerce discrètement, sans rien demander à personne, et encore plus s'il ne s'agit que d'une période transitoire, ce qui est souvent le cas.

Avec ses deux petites sœurs, la lenteur, et la décroissance, la Paresse, majusculée, capitalisée, devient alors un art de vivre savoureux qui apporte la plupart du temps équilibre et bien-être à ceux qui la pratiquent régulièrement. Hautement recommandée pour le cœur et l'esprit, elle anéantit le stress, offre une bonne respiration et permet d'accorder un temps de plus grande qualité à soi et aux autres.

En paressant, on pense, on médite, on philosophe, ce qui devient alors une activité à temps plein. Relisons Épicure, Thoreau, Emerson, Lafargue… L'heure est au retour vers soi et au besoin de peu. Changeons de braquet en accueillant avec bonheur cette réduction du rythme. Tout en ralentissant le tempo de cette nouvelle vie, je veille à ce que ma tête et son contenu restent en éveil constant, et qu'à l'affût, tapie en embuscade, au premier froissement de branche, je pointe, tire et atteigne… Comme avant. Et peut-être même, encore mieux qu'avant !

— Ma chérie, allonge-toi, ça va passer, me dit le Doux un peu inquiet à la lecture de ces dernières lignes qu'il interprète comme une crise existentielle devant être jugulée au plus vite. On va arrêter l'abonnement à *Philosophie Magazine* et les conférences de Charles Pépin pendant quelque temps, d'accord ? On va se mettre au vent de la réflexion.

— QUOI ? Arrêter les conférences de Charles Pépin ! Ah non mon Doux, pas ça !

Comment combattre la procrastination ?

Si vous me posez la question, je vous répondrai que j'y réfléchis au calme et qu'on en reparle demain ou après-demain. Le Doux, mon maître dans de nombreux domaines mais aussi dans l'art de procrastiner, me demande, un brin ironique : « Alors, ce texte sur la procrastination, ça vient ? » Grrrr.

Pour mieux reporter à demain, je ne cesse d'inventer des distractions et de prolonger ces moments où l'on fait tout sauf ce qui se doit.

Depuis trois semaines, je ressens avec une volupté coupable l'incapacité d'écrire. Je procrastine avec honte et bonheur. C'est une curieuse attitude qui flirte un peu avec la paresse, qui laisse la lenteur s'installer, et qui permet à tout plein de puissants dérivatifs de revendiquer prioritairement leur temps d'antenne.

Internet en général et les réseaux sociaux en particulier sont de merveilleux champs d'expression dans lesquels se déploie un florilège de sollicitations évoluant entre un voyeurisme indifférent et une attention inutile.

Voilà pourquoi, avant de commencer la première phrase, je me suis laissé tenter par un tour chez Amazon à la rubrique livre, pour me retrouver encerclée très vite par de nombreuses propositions hautement consuméristes (ASOS, vestiaire collectif...) qui m'ont poussée (bien malgré moi) à une analyse comparative de sous-vêtements, souliers, manteaux... le tout dégriffé.

Je mise sur un thé pour booster mon inspiration et je choisis de le laisser infuser tout en prenant l'appel d'une copine qui n'a rien de particulier à dire mais qui l'évoque longuement. Je traîne ensuite un peu sur LinkedIn où les gens se complimentent pour mieux trouver du travail ou des clients, et beaucoup sur Facebook où les gens se « laïquent » et montrent leurs orteils sur fond de lagon, avec un détour sur homeforexchange où certains cherchent à échanger leur trois-pièces des Batignolles contre un loft à Soho.

Toujours pas une ligne d'écrite.

Avant de me laisser emporter par l'actualité, cette source chronophage aux contours inépuisables (*Le Figaro*, *Quartz*, *Slate*…) qui sait si bien kidnapper le temps, je jette un œil sur Coursera pour voir les nouveautés avant de me dire qu'un peu d'exercice s'impose. Ouverture du planning des différents genres de cours que mon centre de danse propose. En courant, je peux être à l'heure à celui de Modern Jazz. J'en sortirai à 20 heures, je n'aurai toujours pas écrit une seule ligne.

Je terminerai ma journée après avoir vérifié que le nombre de pas inscrits sur mon appli « santé » est supérieur à celui de la veille, puis je lirai TTSO et méditerai sur ce temps qui s'obstine à ne nous proposer que vingt-quatre heures dont un tiers environ est tout entier dédié à notre Queen (bed) et à notre King (size). (Là, le Doux roucoule et fait la roue.)

L'argent, de l'après...

Ô génie de la lampe, faites qu'à défaut d'en avoir, j'aie toujours des amis qui en aient suffisamment.

L'argent a été inventé pour être dépensé. Pour le plaisir, le sien et celui de ceux qu'on aime, pour la culture, pour le bien-être. À la fois cigale et fourmi, faites bonne mesure de vos gestes de folie. À cinquante ans, l'argent ne devrait plus être un problème, qu'on en ait ou pas. De toute façon, la messe est dite. D'autant que nous sommes en 2018 et que les quinquagénaires sont des gens qui ont eu la bonne idée de naître en leur temps et d'avoir profité d'une période favorable où l'argent était plus facile et l'immobilier plus accessible. Une croissance qu'on ne retrouvera pas de sitôt, dit-on.

Louer votre appartement de temps en temps, ou seulement une chambre, est un moyen pas trop compliqué qui présente le triple avantage d'augmenter ses revenus, de rencontrer des gens du monde entier et d'éviter de déménager. Autant de raisons permettant de rester dans cet appartement trop grand pour vous seule depuis le départ des enfants.

Vous louerez ponctuellement, mais vous échangerez aussi, car aujourd'hui, les maisons de vacances sont celles des autres, on les loue, on les partage, on les échange.

Mon expérience d'échange d'appartement

Nos taxis respectifs se sont croisés sur le chemin de l'aéroport et nous nous sommes amusés (sûrement) du mot absolument identique que nous nous sommes laissé sur la table de la salle à manger à côté de la bouteille de champagne et qui disait : « *Welcome, Enjoy your stay.* » Pendant trois mois, un couple d'Américains a dormi dans mon lit, pendant que j'étais dans le leur, à New York, au 38e étage d'une tour de verre, entourée de buildings autorisant malgré tout une trouée verte sur Central Park. Grâce à l'échange d'appartements, pratique qui m'est familière depuis longtemps et pour laquelle j'affiche la plus grande des décontractions, j'ai séjourné un peu partout dans le monde. Mieux vaut être détaché de ses biens et de ses objets, se souvenir qu'ils n'ont pas d'âme et qu'ils sont inanimés. La confiance va de soi, elle est partagée, elle est nécessaire. Cet échangisme immobilier social et international me permet d'avoir tout un paquet de résidences secondaires dans le monde entier et le réseau qui va avec. C'est la nouvelle économie touristique, sociale et nomade. En bons jeunes femmes et hommes de cinquante ans, nous n'avons aucun mal à nous adapter. J'entends parfois : « Ah non moi je ne veux pas que des gens que je ne connais pas dorment dans mon lit. » Je leur précise que vous n'êtes pas obligés d'y être en même temps.

Décroissez

Organisez votre décroissance. Virez tout ce qui dépasse. Trop de tout. Il est urgent d'apprendre à se débarrasser de ce qui a perdu de son enchantement ou qui n'en a plus qu'aux yeux des friperies de luxe. Les bijoux d'ex (on vend !), un vieux manteau (hop éjecté !), un truc Chanel glané aux soldes presse en 1994 (allez out), une commode (dehors), un tableau (allô Le Bon Coin)… Il n'y a que des avantages à se séparer de ses vieilleries. Vendez ! troquez, recyclez… Inventez d'autres formes de revenus : louez votre voiture, sous-louez votre maison. Écolonomisez : C'est-à-dire économisez tout en étant écolo. Partagez vos trajets en voiture, recyclez les sacs plastique et papier, n'achetez plus jamais de pack de bouteilles d'eau minérale, optez pour l'eau filtrée et les jolies carafes.

Vous avez aimé la surconsommation, vous allez adorer argumenter le contraire ; revendiquez vos contradictions. Comment vivent aujourd'hui les copains un peu plus âgés que nous qui étaient maoïstes dans les années 1970 ? Ah, ah, on se marre, ils ont tous mis leurs enfants dans des écoles privées, et certains, surpris par cet argent facile qui leur est tombé dessus par la grâce des trente glorieuses, trouvent qu'aujourd'hui les conseillers en défiscalisation exagèrent avec leurs honoraires.

Vie sociale et mondanités

Notre capacité à regarder, observer, écouter les autres est-elle toujours intacte ? Quelle est notre dernière rencontre coup de cœur ? Quand, comme une évidence, on s'est dit « cette personne me plaît, je voudrais savoir davantage ». Après, ça se fait, ça se fait pas, la relation à autrui est mouvante, la plaque tectonique des cercles d'amitié bouge au gré des disponibilités, des accointances et des partenaires.

Ne pas oublier de garder toujours un œil curieux sur « l'autre », celle ou celui qu'on ne connaît pas encore.

À quelle heure le dîner ? J'apporte quoi ?

Ces deux questions positionnées sur l'échelle du texto juste après « c'est O.K. pour le 25 » et avant « à ce soir kiss » sont comme des formules de politesse qu'il conviendrait d'éradiquer. On les pose tout en sachant très bien qu'on ne tiendra pas du tout compte de la réponse de l'hôte. À la question de politesse, la réponse attendue : « 20 h 30. Rien. »

De toute façon, nous n'en ferons qu'à notre tête, car, quoi qu'il en soit, on arrivera quand on arrivera, et on apportera ce qu'on voudra, en fonction bien sûr de l'anticipation accordée au dîner et du degré d'attention porté à l'hôte (et aussi du ratio obtenu par le croisement de nos moyens et de notre générosité).

L'heure d'arrivée est codée : 19 h 30 fait « je sors du bureau, je me couche tôt, je suis Américain ». 21 h 30 dit « je suis un artiste, vous habitez trop loin, j'avais autre chose avant ». En fait, si vous ne voulez pas vous retrouver en apéro prolongé et passer à table déjà ivre de cacahouètes, il est préférable d'inviter des gens homogènes dans leur biorythme professionnel et familial. L'arrivée moyenne des invités se situe autour de 20 h 45, c'est une heure hybride qui réconcilie les travailleurs et les autres.

Alors, que prendre avec soi ? À nos âges, il est rare qu'on vous réponde : « Viens avec une quiche », sauf s'il est question bien sûr d'un dîner de cons. Normalement, nous avons encore tous des amis qui nous proposent un repas chaud et gratuit, en échange tacite du partage de notre bonne humeur, de quelques anecdotes vécues et d'une bouteille de quelque chose piochée dans le frigo.

La bonne humeur est la moindre des politesses, mais elle dépend aussi de celle des autres. Les choses qui plombent sont comme la pomme pourrie du compotier, ça se répand vite. Voilà pourquoi on oublie d'inviter les déprimés qui pourtant en auraient le plus besoin, mais que voulez-vous.

Si c'est le cas, c'est-à-dire si vous avez commis l'erreur d'avoir été conviée avec une personne en boucle sur ses malheurs et qui entend les confier impudiquement aux autres convives, alors il est urgent de rebondir en transformant la suite des réjouissances en exutoire schizophrène. Ma reco de femme qui en a vu : improviser quelque chose de festif. Pourquoi pas monter le son, danser ou alors donner dans le nouveau jeu à la mode des dîners en ville : chacun raconte à tour de rôle sa plus grande honte, son plus gros bide. Rigolades et surprises garanties.

Vous profiterez de quelques fenêtres de tir encore visibles en dépit du crachoir tenu par le plus bavard (qui n'est pas toujours le plus intéressant) pour y caser des anecdotes vécues. Il en faut toujours une sous le coude, récente de préférence, afin d'éviter les redites ou les réchauffées. Je suis jalouse du talent de certains pour distribuer équitablement le micro. Moi, les anges qui circulent dans un dîner me paralysent et je voue une reconnaissance infinie à celui ou celle qui sait relancer le débat.

Comme tout le monde, j'ai quelques pommes pourries dans mon carnet d'adresses qui y sont depuis la nuit des temps, mais je les aime quels que soient leurs incidents de parcours et leurs névroses envahissantes. Je m'arrange pour ne pas les oublier, sait-on jamais, aujourd'hui, c'est grand beau chez moi, mais un jour (peut-être jamais), si la roue tourne, si les planètes forment un Z un peu tordu, je sais qu'elles seront là, mes vieilles pommes.

Comment décommander pour un meilleur plan ?

Dans ce bain de piranhas où s'affrontent les ego solitaires et socialisés, où Paris et la crise incitent à tirer sinon en premier du moins son épingle du jeu, il est indispensable de connaître les règles élémentaires de survie en milieu acide et d'apprendre à louvoyer l'air de rien dans le marigot.

Cela peut paraître un peu cynique mais franchement, je voudrais que celui ou celle qui n'a jamais décommandé un dîner avec une copine désespérée pour un plan de dernière minute avec un joli monsieur ou une soirée funky dans un palais chez des « people bankable » lève la main ou me jette la pierre !

Alors ? Je vous regarde, je vous écoute…

Ben voilà, personne, j'en étais sûre !

Serait-ce la vie urbaine qui apprend ça ? L'individualiste forcené, l'égocentrisme dilaté, ou le « Moi d'abord » entretenu par une connectique inévitable qui attise toutes les formes de narcissisme référencées ?

Alors, comment le dire sans se faire cramer ?

« Je me suis évanouie dans le métro » appelle une explication.

« Je suis crevée » est un peu léger.

« J'avais oublié que j'avais piscine » est trop foutage de gueule.

« Ma tante est morte » exige de l'aplomb.

« J'ai une gastro » vous place en quarantaine.

« Je me suis fait voler mes papiers, je dois aller au poste » pas mal mais appelle des explications. Ah bon et où ça, et comment ?

Personnellement, élevée dans des valeurs parentales démodées, je suis pour une forme d'arrangement avec la vérité. Suggérez une autre date sur l'air de « au lieu de se voir demain je te propose de décaler à après-demain car j'ai une surprise pour toi, ça te va ? ». Vous avez vingt-quatre heures pour réfléchir à la surprise (concert, théâtre, networking…). Parce que les opportunités ne sont pas si nombreuses, et que les copines désespérées sont vouées à le rester.

L'impasse c'est le 31 décembre, proposer un truc mieux le lendemain n'est pas si simple. Là, pour le coup, joker. Le tout Paris qui chante et qui siffle fait péter le plafond du cynisme en attendant le meilleur plan, et ce, jusqu'à la dernière minute. Voilà pourquoi il ne faut JAMAIS organiser de réveillon du 31 chez soi de type dîner à douze. C'est un coup à se fâcher avec les vrais faux amis, à se retrouver avec une dinde sur les bras, à devoir la congeler en petits morceaux, et en consommer jusqu'à Pâques.

L'alcool, ce bien nécessaire

Nous sommes inégaux face à l'alcool. C'est ainsi. Mais là où nous sommes à peu près égaux, c'est qu'à cinquante ans, on ne peut plus boire comme on aimerait. La faute à la génétique, au métabolisme, au foie, au réchauffement climatique et aux néo-pesticides qui nous flanquent le casque à pointes le lendemain…

On tient de moins en moins bien l'alcool avec l'âge. Avec les années, il a des effets en devenir et radicalise les tendances comportementales de notre jeunesse. Ceux qui titubaient trébucheront, ceux que l'alcool rendait un peu bavards seront inépuisables jusqu'à en oublier la ponctuation, ceux que l'alcool rendait amoureux le seront encore plus vaillamment.

Ma copine Edwige devient très drôle quand elle boit. Comme elle le sait, pour le plus grand bonheur de tous, elle boit de plus en plus, depuis toujours. Démarrage assez tôt avec une levée de coude prévue aux alentours de 18 heures, et dérapage de plus en plus raide, avec un départ de soirée autour de 23 heures, sont les deux mamelles d'une vie mondaine qu'elle tète inexorablement trop souvent.

Il arrive un moment, où sa drôlerie subit comme une modification génétique. Son rire devient bizarre, haché et menu, son propos se découd, elle perd le fil, raconte des histoires que l'on ne comprend pas et qui ne finissent jamais. C'est l'heure ! Elle ne titube pas, c'est déjà ça, mais comme un effet mineur peut en cacher un autre, sous l'emprise de l'alcool, sa libido peut s'enflammer inopinément, si d'aventure une opportunité virile et consentante se présente. Par bonheur, ce n'est pas toujours le cas. Très vite, elle s'épuise d'elle-même et son auditoire l'observe s'enfoncer dans le flou, un peu déconcerté, avec une bienveillance perverse. Le lendemain, elle ne se souvient de rien. Mais comme elle se connaît, elle s'excuse auprès de la maîtresse de maison, sans vraiment savoir de quoi.

Priska a l'alcool jaloux et légèrement hargneux. C'est une belle quinqua, qui a été, dans un passé de plus en plus lointain, une très belle femme. Au contact de l'alcool, elle devient agressive. De ses yeux sortent des flammes et des dents prêtes à mordre. À une époque, elle en avait après moi dès qu'elle buvait un peu. J'en étais un peu flattée, j'avoue. J'interprétais ses propos d'ivresse comme autant de compliments. Mais depuis quelque temps, je la trouve plutôt aimable avec moi. J'en suis déstabilisée. Soit elle a arrêté de boire, soit j'ai pris un coup de vieux.

Cécile a l'alcool amoureux et démonstratif. Un verre de trop la transforme en chiot qui vous lèche partout. Elle vous enlace et vous serre contre ses seins, ce qui est un peu gênant, et vous dit « je t'aime ma chérie, tu le sais que je t'aime ». Elle a rencontré sa névrose en Laurent, qui partage avec l'alcool le même genre de relation. Ils n'ont rien en commun en dehors de cette réaction commune à la boisson. Ils ne sont donc amoureux que lorsqu'ils sont ivres. Tant qu'ils étaient ivres ensemble et souvent, ça allait, mais depuis que l'un des deux a décidé d'arrêter de boire, leur histoire est tombée à l'eau.

Quant à moi, avant, il y a longtemps, pour avoir la migraine le lendemain, il me fallait au moins quatre verres de vin. Aujourd'hui, avec deux, je suis bonne pour le Zomig, à condition de l'avoir pris dans les temps. Sinon, le tarif syndical c'est trois jours au lit, un sac de glace sur le front avec les yeux clos.

J'ai toujours pensé que les migraines me préservaient d'un alcoolisme mondain inévitable, mais ma non-consommation d'alcool m'isole d'une ambiance qui prend et chauffe au fur et à mesure que la soirée avance. Je demeure alors la spectatrice mutique d'une tablée qui parle de plus en plus vite et rit de plus en plus fort pour des choses, à mon sens, de moins en moins drôles. J'ai l'alcool béat, il éteint ma lumière. Je pense être plus marrante au saut du lit.

Réfléchissez avant de m'inviter à dîner.

Heureusement, le Doux compense. Il doit à ses origines polonaises la possibilité d'engloutir des litres d'alcool sans effets collatéraux autres qu'une manifestation exagérée de ses sentiments. Il n'est jamais saoul quel que soit le volume, jamais malade quels que soient les mélanges, et a l'alcool amoureux pour mon plus grand bonheur.

Les histoires drôles

Il y a ceux qui les racontent et ceux qui les écoutent.

À la fin d'un dîner, souvent après le passage d'un ange et d'une bonne bouteille, voilà que se lance celui ou celle (mais souvent celui) qui en a une de bien bonne (d'histoire).

L'histoire drôle, c'est comme les cacahouètes, une en appelle une autre, et ainsi de suite jusqu'à épuisement du stock. Les rires à l'attention du narrateur incitent souvent les autres mâles de l'assemblée à dégainer la leur (d'histoire). Tout ça pour nous, les filles, qui nous régalons de les voir allègrement ferrailler dans leur concours de longueur, et déployer un maximum d'efforts dans le seul but viril de nous amener au rire.

Si l'histoire drôle met toujours une bonne ambiance, je demeure un peu pétrifiée par trois choses. En un, que ça traîne en longueur – ceux qui prennent le micro sont sûrs d'eux, l'auditoire leur est acquis, ils en profitent. Dans ces cas-là, il est amusant d'observer la compagne du narrateur dont l'attitude est un baromètre de leur relation : l'épouse depuis vingt ans va commencer à débarrasser la table sur l'air de « celle-là, elle dure six minutes, j'ai le temps de remplir le lave-vaisselle ». La compagne depuis cinq ans qui connaît la blague également, va sourire gentiment du début à la fin. Quant à l'amoureuse récente, toutes dents dehors, elle en rit encore !

Ma frayeur numéro deux est que l'histoire dépasse les bornes. Le dérapage n'est jamais très loin, et le fait que l'auditoire ait ri à une histoire légèrement trash autorise la suivante à être un cran trash au-dessus. Bienvenue dans la gêne, le rire jaune ou la honte. « Qui veut une tisane ? » tente la maîtresse de maison en espérant faire diversion. Trop tard. Qui en connaît une autre ? On recommence avec les Belges cette fois, on continue sur les Arabes, les juifs, les culs-de-jatte, les homos, les cocus… La gaffe n'est jamais très loin, d'autant que votre voisin de table David Levy qui vit à Bruxelles venait de vous raconter que Jean-Pierre l'avait quitté pour Rachid. Vous ne pouvez vous empêcher de vérifier sous la table s'il a toutes ses jambes.

Enfin, ma dernière angoisse est la pire : que je ne comprenne pas la blague.

Mais ça, personne ne le saura puisque dans tous les cas, n'ayez crainte, je rirai de bon cœur au bon moment, avec tous les autres.

Êtes-vous encore invité à l'anniversaire d'une trentenaire ?

Sauf exceptions de type curiosité de la science, hypnose ratée, dévotion chamanique, ou constellation non alignée, il y a des choses qui n'arrivent plus JAMAIS à la femme de cinquante ans, si jeune soit-elle.

Reconnaissons par exemple qu'il ne nous est par exemple plus donné d'avoir une copine enceinte, de rentrer avec un inconnu rondement pétée après un after, de quitter son mari de trente ans (de vie commune, pas d'âge), d'allaiter, ça aussi on le fait moins, de faire trois fois l'amour dans la nuit, de s'envoyer un Big Mac/Coca dans l'après-midi ou d'être invitée à une fête d'anniversaire en dessous de quarante…

Eh bien pourtant si, c'est possible, il y a peu, nous étions invités à célébrer un trente-cinquième anniversaire.

Trente-cinq ans ! Mazette, pour nous c'était hier, mais c'était surtout il y a longtemps. Qui donc dans notre entourage peut bien avoir trente-cinq ans, en dehors d'une nièce et d'un cousin second ? Évidemment, cette invitation avait pour origine une union bi-générationnelle (comprendre vingt ans d'écart). C'est elle qui célébrait son anniversaire, pas lui (avons-nous déjà entendu parler de l'anniversaire de Brigitte ?), ils avaient donc tous deux convié leurs amis. Ce qui signifie que la moitié avait trente-cinq ans et l'autre moitié cinquante-cinq. Ce grand mélange 30/50 (ans) à 50/50 (%) s'est opéré dans une compacité des plus heureuses et nous, la seconde moitié, n'étions pas en reste sur le dance floor, à bousculer nos articulations au rythme des principaux tubes des années 1990 (Desireless, Philippe Lafontaine, Chagrin d'amour…) que le DJ avait la délicatesse (ou la charité) de passer en priorité.

J'ai retenu de ce moment quelques observations :

Les « trenta » connaissent les paroles de NOS chansons par cœur, presque mieux que nous. Mais pourquoi ? Ça reste un grand mystère, parce que nous, nous ne connaîtrons jamais celles des tubes de la Fouine ou de Maître Gims.

Stevie Wonder quand le gâteau arrive c'est terminé. Oubliez son « *Happy Birthday to you* », place à autre chose, à vous de l'inventer. Nous nous sommes précipités sur Shazam pour identifier ce qui avait été choisi par le DJ pour ce moment de rassemblement autour de la reine de la nuit, et c'était juste inouï de ferveur. La musique est tellement forte ! Bien plus forte que « de mon temps », hors de question de communiquer autrement que par des sourires appuyés et ce geste de la main aux trois doigts centraux pliés qui, en se rapprochant de l'oreille, signifie « on s'appelle ». Mes oreilles meurtries ont mouliné un grondement sourd encore longtemps après l'arrêt des festivités.

En vingt ans, la façon de danser a changé. Le trentenaire bat la mesure avec son bras droit, l'index pointé qui monte et qui descend dans un rythme d'automate, tandis que la tête et les hanches suivent un mouvement ressort. Les quinquas procèdent autrement. D'abord, il n'y a plus qu'eux pour danser un truc d'un autre siècle qui s'appelle le rock. Ensuite, pour les plus solo, il y a ceux qui se dodelinent gentiment, et les autres (comme moi) qui ne se sont jamais remis de *Fame* ou de l'examen final de *Flashdance*, et qui se déchaînent jusqu'à ce qu'il y ait un truc qui casse (un talon ou un tendon).

Sur le coup de 1 heure du matin, c'est soudain la désolation. Où sont partis les confrères, consœurs et autres quinquagénaires dansants ? « Les vieux sont rentrés se coucher » dis-je au Doux. « Il ne reste plus que les jeunes » me répond-il (sous-entendu « nous »). En fait je les vois, les quinquas, ils sont, agglutinés à l'*open bar*, en train de reprendre des forces. Ils rendent un hommage musclé à la vodka que les serveurs versent généreusement dans leur verre à eau. L'ultime couche d'alcool après le champagne et le vin, et avant le dernier tour de piste frénétique pendant que les jeunes déclarent forfait.

Le lendemain, prévoir tout de même un massage, une aspirine, un café et un sevrage en alcool prolongé de quelques jours. Le tout arrosé de tisanes détoxifiantes, puis, ne pas bouger une semaine, sauf pour constater les courbatures là, là, et là aussi.

Un dîner à Long Island

Il y a quelques années, la famille a vendu l'entreprise dont le nom est resté synonyme d'une boisson pétillante et festive, et depuis, ces gens partagent leur temps entre plusieurs pays. Ils sont sympathiques et blasés, égocentriques et cultivés. Ce sont des enfants gâtés qui savent qu'ils ne méritent pas ce qu'ils ont mais adoptent la posture de ceux pour qui tout ceci est une évidence. Ils votent à droite, le font savoir, trouvent que la démocratie a ses limites, que les avocats exagèrent, et militent pour le retour des cendres de Napoléon III en France. Se diraient presque royalistes, s'inventeraient presque des origines, s'injecteraient presque du sang bleu. N'espérez pas une question sur vous, votre vie ou votre œuvre. Juste on s'en fout ! Ou bien est-ce par politesse. Chez les riches, il y a des règles, et si vous voulez être invitée plus d'une fois, il faut savoir identifier les sujets et mots tabous : PSE, syndicats, coproculture, XVe arrondissement, Victor Serge, grande couronne… Évitez la question « Que faites-vous dans la vie ? ». La poser est une faute de goût que l'on vous pardonnera, et la réponse se situera quelque part entre actifs et caritatifs. Bref, ils sont délicieusement décadents. Dans ce palais, habitat hybride entre Tara, Dysneyland et la maison de JR, là s'envolent des propos en anglais, français et espagnol, tout le monde est supposé être trilingue. Les invités savourent l'ubiquité d'une intendance discrète et la légèreté polie des conversations croisées. Le maître de maison porte le cheveu rare et long et des chaussures à rayures, ses yeux sont deux fentes horizontales posées en dessous de sourcils hauts. Il est comme le lion dans le livre de la jungle, il simule l'endormissement mais mieux vaut ne pas miser là-dessus. Son épouse est une virtuose des fourneaux, elle est sèche, mince et musclée. Ça sent le plein temps. Tout ce petit monde est sympathique, bienveillant, insouciant avec pour tout souci apparent la gestion des indices solaires, le partage des meilleurs fournisseurs et la recherche des distractions les plus exclusives.

Se répandre, ralentir, se tenir (surtout à distance des réseaux sociaux)

La part de voix de notre ego sur l'Internet revêt mille représentations. Facebook et Twitter sont le baromètre de nos émotions et LinkedIn, sur lequel nous nous valorisons les uns les autres, nous rappelle régulièrement à son bon souvenir. Tout ce mal qu'on se donne pour être aimés, pour être lus, achetés, embauchés ou vendus, pour séduire, ou alors juste pour exister.

Les réseaux sociaux excitent cette montée narcissique qui rend nécessaire de soigner notre image, et de rappeler à tous nos amis et followers à quel point nous sommes autant heureuses que chanceuses. Bien sûr, c'est souvent celui qui dit qui ne l'est pas tant que ça car, comme on le sait, passer sa vie à la poster est un peu suspect.

Il n'empêche, je critique mais j'aime bien regarder les images des autres, choisir une jolie photo et travailler la petite phrase de mon commentaire. Un exercice qu'on peut rendre un peu littéraire. Alors non, les réseaux sociaux ne sont pas le diable, il faut juste s'imposer de les tenir à distance. La frénésie de l'accélération digitale qui vise à démoder aussitôt tout propos, la course aux « like », l'intérêt réel porté à la joie d'autrui, réfléchissons avant d'y passer trop de temps.

Faut-il accepter les invitations de vacances ?

Il est toujours plus économique de passer des vacances en étant invités chez des amis riches plutôt que de considérer le partage d'une maison de location avec des copains pauvres. Bien sûr, tout le monde n'a pas la chance de connaître des gens suffisamment aisés et généreux (l'un sans l'autre ne sert à rien), mais si vous êtes sympathiques, drôles et bien élevés, il pourra vous être proposé un « Que faites-vous cet été ? ». Là, dans un grand silence frisé, retenant votre joie, vous regarderez votre mari d'un œil pétillant et désintéressé, et vous répondrez sur un ton un peu détaché : « Nous n'avons encore rien décidé. » Ne pas se précipiter, ne pas donner de réponse radicale, laisser la porte entrouverte, et attendre les détails. Pour éviter toute surprise, n'hésitez pas à poser les bonnes questions.

Y aura-t-il des enfants ? Si oui, de quel âge ? Quelle est l'intendance ?

Après une courte réflexion, si les enfants ont moins de quinze ans et si une organisation de type phalanstère est prévue, oubliez. Prenez votre Doux sous le bras et vous vous poserez quelque part, n'importe où. Vous reprendrez les mondanités à votre retour. Mais si vous comprenez que la maison comporte six chambres, chacune avec sa salle de bains, que les invitants sont des personnes intéressantes à l'humour compatible, et que la proposition comprend un employé de maison à plein temps, et le bateau à moteur, alors là, foncez !

N'oubliez pas cependant que le squat vacancier a ses règles. Vous n'avez pas de droits, mais si vous voulez revenir en année 2 ou conserver de bonnes relations, cette pratique bien pratique vous impose une batterie de devoirs auxquels il serait inconvenant de se dérober et prudent de souscrire.

Rester ferme sur les délais de présence : ne pas dépasser quatre jours. Je vous épargnerai le parallèle peu élégant entendu cet été sur les amis en vacances et le poisson dans le frigo. Mais sauf si l'invitation est relative à un endroit difficile d'accès, il est préférable de se tenir à cette règle temporelle.

Pensez au cadeau pour Madame (livre, parfum, plat, sac, colifichets…), à l'obligation d'être de bonne humeur tout le temps, ayez le sourire facile (pas niais mais facile), soyez attentive aux conversations de vos hôtes, mettez de côté vos provocations radicales (vous en avez, vous le savez, on en a tous). Par exemple, évitez d'engager une conversation sur des sujets délicats : tauromachie, écologie, loi travail ou migrants… Misez sur ceux qui rassemblent : l'immobilier, le tourisme, le dernier *Voici* ou *Philosophie Magazine*, pensez à considérer la proposition d'une partie de backgammon comme une excellente idée si elle vient de la puissance invitante, à aider dès que nécessaire, à laisser une enveloppe pour la femme de ménage quand vous partez, à envoyer un texto de château pour remercier.

En espérant qu'un jour, vous serez à votre tour la puissance invitante.

Allez les filles, en avant !

Si vous lisez ces lignes, c'est bon signe, enfin presque, sauf si, comme je le fais parfois, vous avez commencé par la fin.

Nous voilà donc à la fin (le « déjà » serait prétentieux), quelle aventure, un livre !

L'itinéraire des observations, l'historique de son évolution, le cheminement de ses errances, la fluctuation des credo, les pensées mises à nu, et tout ce travail de fond que commande une envie de s'amuser de tout : des mots, des idées, des situations.

Quelle aventure, et quel plaisir que de provoquer sa volonté, solliciter sa mémoire, douter, garder, supprimer, reprendre, travailler, abandonner, trier, effacer, recommencer, y revenir, et enfin terminer.

Le mot FIN est effrayant, il me donne envie de repartir dans l'autre sens.

Sur vos yeux qui lisent ces pages, en guise de conclusion, j'aimerais étaler une dernière couche de « baume au cœur » et terminer par un pschitt facial d'optimisme impertinent. J'aimerais aussi vous donner quelques derniers conseils phares afin de savourer un peu plus cette rayonnante décennie.

Passer les mauvais souvenirs au tamis de la mémoire, jeter le filtre, ne garder de ses histoires personnelles que des informations neutres ou des expériences agréables ou constructives. Ne pas s'embarrasser des rugosités du passé, et rafraîchir tous les jours sa page personnelle pour ne jamais s'encombrer de ce qui pourrait être mouliné, exulté, détesté.

Je ne vais pas vous faire le coup de l'instant présent, c'est bon, la littérature spécialisée en développement personnel est là pour nous rappeler à quel point *Carpe Diem* bla bla bla. Mais au-delà d'observer les joies de son quotidien, il faudrait, à cinquante ans, savoir dissoudre sa propre tristesse, s'exercer à l'oubli, gérer ses zones d'ombres, prendre soin de sa mélancolie, la secouer parfois, l'aimer toujours. Se nourrir de sa solitude pour mieux se régénérer. Vénérer l'altérité, garder l'œil et l'esprit grands ouverts. Se repaître d'un hédonisme actif et singulier. Et c'est tout ce que nous apprenons au cours de cette décade.

La conclusion de ces considérations est que chacun range dans sa valise ce qu'il décide d'y mettre. La joie, la bonne humeur, la gentillesse ne prennent pas beaucoup de place, contrairement à l'indignation, la colère, la plainte ou l'aigreur…

J'aimerais dire à toutes les femmes de cinquante ans et plus, et aux autres aussi, qu'à tout moment, la vie recommence, qu'à chaque instant, elle peut recommencer. Cet amour rencontré à la cinquantaine est arrivé sans prévenir, inattendu, tel un accident heureux comme on le dit d'un enfant pas franchement prévu. Un jour, on se retrouve par hasard tout au sommet d'un paysage merveilleux dans un ciel bleu à l'air pur, à défier le vertige, à jauger de la fragilité des instants, et à serrer très fort cet amour de crainte qu'il ne se dissolve. On ferme les yeux devant la peur de voir un caillou qui grippe le mécanisme et menace de faire s'effondrer l'édifice.

Parfois, dans les moments d'égarement de mes mauvais rêves, je suis au bord du gouffre, mon bras lâche, le lien craque et je vacille. Je me surprends à supplier les dieux, leur dire à quel point je veux rester tout en haut, vivante, aimante, aimée, aimantée, consciente de chacun de mes instants.

J'ai envie de conserver cet éblouissement amoureux, cette envie de la vie, cette exaltation infinie, je veux

Rester en l'air,

Ne pas redescendre,

Ne connaître de cet amour que l'absolu, le sublime au sommet,

Durable,

Fort,

Incarné,
Sachant qu'un jour, si les couleurs se ternissent,
Si la petite musique résonne en désaccord,
Si les baisers et les cœurs deviennent secs,
S'il n'y a plus cette inquiétude légère de perdre l'autre, et si l'un de nous veut partir pour vivre une autre vie que la nôtre, eh bien…

Espérons qu'il y aura assez d'amour pour l'autre pour ne pas le retenir.

Et assez d'amour pour soi pour ne pas essayer.

Dans tous les cas, l'âge n'y sera pour rien.

Car la fin n'est jamais la fin.

Aujourd'hui, il y a Internet pour faciliter les rencontres et plus que jamais de nombreuses raisons d'être aimées en retour pour ce que nous sommes, sans les jugements absurdes ou résiduels de l'ancien temps. Les femmes de cinquante ans ne sont plus ce qu'elles étaient, nous sommes dans un monde où l'âge ne veut plus dire la même chose. Nous apprécions l'abolition des préjugés d'une société qui pendant trop longtemps a fait des femmes des êtres de reproduction, de servitude, de contentement passager ou de trophées. Des êtres dont la qualité fugace était surtout celle de la jeunesse. Nous avons une chance folle de pouvoir nous réaliser, nous exprimer, être entendues, et pouvoir donner autant que recevoir. En bousculant les codes de l'ancien monde, notre génération a réanimé la tranche d'âge des quinquagénaires.

Allez les filles, en avant !

Dans l'accélération de ce qui nous semble être la dernière ligne droite de la vie, profitons avec gourmandise de tout, triomphons des scories du passé, secouons la boule de verre et regardons d'un œil amusé la neige tomber.

Il y a cent ans, 50 % d'entre nous seraient déjà mortes, et il y a cinquante ans, nous serions à 100 % déjà des vieilles dames, alors qu'aujourd'hui, avec les applications, les cosmétiques, la science, l'immortalité en prévision, le féminisme, l'équité homme femme, le pèse-personne connecté, les compléments alimentaires, et la chance qui si elle n'est pas là pour le moment reviendra forcément, nous sommes toutes, et pour longtemps, des jeunes femmes de cinquante ans.

Remerciements

Remerciements chaleureux et sincères à

Karina Hocine-Bellanger (fée), pour sa confiance,

Jeanne Morosoff (fée en devenir), pour son accompagnement éditorial toujours pertinent, toujours bienveillant,

Michel Munz, pour ses conseils avisés à chacune de mes étapes d'écriture, pour son humour dévastateur, pour notre vie pleine d'amour.

Merci à Virginie Luc, Fabienne Azire, et Florence Le Lous pour m'avoir lue et encouragée.

Merci à mes amies chères, jeunes femmes de cinquante ans pour la plupart, mes héroïnes, mes inspiratrices à qui je me suis permise de voler quelques anecdotes. Malgré l'utilisation de noms d'emprunt, elles se reconnaîtront. Alexandra, Anne, Catherine, Cosy, Constance, Florence, Marie, Marie-Françoise, Nat, Nice, Papesse, Virginie.

De même côté masculin, merci à Antoine, Bertrand, Laurent, Fabrice, François, Jean-Christophe. Il y en a d'autres mais se reconnaîtront-ils ?

Merci aux abonnés de mon blog HappyQuinqua (www.happyquinqua.com) pour leur fidélité.

Et mes douces et permanentes pensées à Timotée et Danaé, mes enfants chéris dont je suis si fière.

Table

Table

CET OUVRAGE A ÉTÉ COMPOSÉ PAR PCA
IMPRIMÉ EN FRANCE PAR DUPLI-PRINT À DOMONT (95)
EN DÉCEMBRE 2019
POUR LE COMPTE DES ÉDITIONS J.-C. LATTÈS
17, RUE JACOB – 75006 PARIS

N° d'édition : 06. – N° d'impression : 2019121140
Dépôt légal : avril 2018